離婚を経験する
親子を支える
心理教育プログラム

FAIT
―ファイト―

福丸由佳 編
Fukumaru Yuka

新曜社

装幀＝はんぺんデザイン　吉名昌

はじめに

人生における出来事、すなわちライフイベントといわれると、皆さんはどのようなことをイメージしますか？　就職や結婚、子どもの誕生などさまざまですが、そのなかで離婚を思い浮かべた人は、多くないかもしれません。でも、年間の婚姻件数と離婚件数の割合で考えると、二〇〇〇年以降は約三対一で推移しています。また、親の離婚を経験する子どもの数も年間一九万人前後いるというのが現実です。

本書は、子どものいる家庭の離婚に焦点をあて、親同士が夫婦関係を解消することによって家族のかたちや関係性が変わるプロセス、すなわち家族の移行期として離婚を捉えながら、親と子どもそれぞれにとっての離婚、また社会のなかにおける離婚について考える本です。そのベースとなるのが、筆者らがこの一〇年ほどかかわってきたＦＡＩＴ《ファイト》という心理教育プログラムです。心理教育とは、何らかの課題や問題を抱える人やグループを対象とした支援方法の一つです。十分に配慮された環境のなかで主に心理学の知見に基づいた情報提供を行い、問題解決やよりよい対処法をみいだし、心理的社会的な健康を増進することなどを目的としています。体系的な方法がある場合には心理教育プログラムといわれます。

ＦＡＩＴプログラム（以下、ＦＡＩＴ）は、米国ケンタッキー州ルイヴィル大学教授だったジョゼフ・H・ブラウン博士が、親同士の葛藤のはざまで取り残されやすい子どもの状況を何とかしたいという思いから開発した心理教育プログラムFIT《フィット》（Families In Transition）（Brown et al. 1994）の日本版です。日本版では「**FAmilies In Transition**」を略してFAITとしました。原則として、すべての離婚に司法機関がかかわる米国では、多くの場合、離婚時にこうしたプログラムの受講が義務づけられます。FITもケンタッキー州を中心に、離婚に際して家族が受講するプログラムとして位置づけられています。

このプログラムの特徴の一つは、親だけでなく、思春期グループと五〜一〇歳くらいの子どもグループもあることです。筆者とFITとの出会いは二〇〇八年にさかのぼりますが、初めて、グループの進行役となるファシリテーター研修で参加した際の子どもグループの光景は今でも忘れられません。おもちゃでひとしきり楽しく遊んだ五〜六歳の子どもたちに、「今日集まったみんなには共通することが一つあります。それはお父さん、お母さんが一緒に暮らさないって決めたことです」と切り出したファシリテーターの笑顔、動物をモチーフに離婚を扱った絵本を読んでもらうなかで「うちのパパとママはね」と話しだした子どもたちの姿、しかもこんなに幼いのに離婚についてなんらかの説明を親から聞いてきたこと……。ただ驚くことばかりでした。もっとも印象的だったのは、おやつ休憩や楽しいワークの時間など、リラックスした雰囲気のなかで、「あなたは一人ではなく、これからも子どもとして大切に愛され見守られる存在だよ」というあたたかいメッセージが折に触れて伝えられていたことでした。

研修を受けるなかで、日本の家族、特に結婚や離婚の状況などについて知りたいと言われて話した際の第一声は、「離婚届の用紙を出しただけで離婚できるなんて、日本は離婚がしやすい国だね（!）」でした。「それなのに、離婚する人がそれほど多くないのはなぜ?」と問われ、あらためて日本の家族の状況について考えさせられたことを思い出します。「離婚しやすい国」。これは制度の違いだけでなく、しやすさゆえの課題、たとえば離婚に際してのサポートが十分ではなく、それゆえ弱い立場、特に子どもたちへのケアが置き去りにされやすい現状をあらためて突きつけられた忘れられない言葉となりました。

帰国後、家族の心理臨床の現場でも離婚にまつわる相談が確実に増えている一方で、子どもへの視点、サポートは十分でない現状を実感し、当時、東京大学大学院教授でいらした中釜《なかがま》洋子《ひろこ》先生（二〇一二年ご逝去）とともに二〇一一年にプログラムを導入しました。以降、臨床心理士、公認心理師として家族臨床に従事する本書の執筆者を中心に、ＦＡＩＴ研究会として実践と研究を継続しています。

本書では、米国と日本の社会文化的な差異を踏まえた変更や、子どもグループの実践の難しさなど、さまざまな課題への試行錯誤と検討を重ねながら実践しているＦＡＩＴの内容の一部と、参加者の声から私たちが教えられたり気づいたりしたことなどを届けつつ、親にとっての離婚、子どもにとっての離婚についてあらためて考えます。

本書の内容は、大きく三つの部分に分かれています。Ｉ部では、日本の離婚を取り巻く現状や、離婚を家族の移行期として捉える視点について考えます。そのうえで、本書の中心となるＦＡＩＴの概要について紹介します。Ⅱ部では、ＦＡＩＴの実践を通して得られた親の声、小学生から大学生、研究協力者の社会人も含む子どもの声を紹介し、それぞれの気持ちや体験から見えてくることを読者のみなさんと共有します。同居親・別居親と子どもとの関係や、親同士の関係などについても考えていきます。Ⅲ部では、コロナ禍で開始したオンラインによるＦＡＩＴの実践、また、これまでの取り組みのなかから見えてきた支援者としての気づきを報告します。「家族を取り巻く社会」というより広い視点から離婚を捉え、今後の課題を考えるきっかけになることを願っています。

なお、本書で紹介するエピソードは、ＦＡＩＴ参加者の声が中心です。個人的な情報は、内容を損ねない範囲で必要に応じた変更を加えています。また、親は父母の情報を入れずに、あえて子どもと同居か別居かということだけに限定しました。これは、父母の別よりも子どもの親という立場でその声を受けとっていただきたいと考えたからです。さまざまな声に耳を傾けることで、私たちもハッとさせられたり、なるほどと思ったり。親と子それぞれの切実な声とともに、実践を通したやりとりのなかで私たちが体験し考えたことを言葉にすることで、その先の支援の可能性や、これからの課題が見えてくると感じています。

現場で支援に携わる専門家はもちろん、離婚を経験した、あるいは考えている方、そして親の離婚を経験した子どもの立場の方にも手にとっていただき、さまざまな家族の営みについて思いをめぐらせ、それによって現実をよりよく変えていく一歩にしていただければ幸いです。

編者　福丸由佳

ＦＩＴプログラム開発者、ブラウン先生からのメッセージ

本書は、離婚という移行期にある親と子どもに役立つ情報を日本の皆さんに提供するものです。Ｙｕｋａ（訳注：編著者の福丸由佳）は、米国のＦＩＴプログラムのトレーニングを受け、離婚を経験した日本の家族の社会文化的ニーズに合わせて、ＦＡＩＴとして日本に導入しました。

ＦＡＩＴの導入にあたっては、日米の家族の文化的な差異を踏まえた検討がなされています。養育における協力的な関係を築くために、両親にはどのような課題が求められるのかを理解するのに役立ちます。また、親による語りは、子どもの喪失感、罪悪感、そして怒りなどの感情に対処することや、子どもの情緒的なニーズを把握することがいかに大切か、といった課題について、読者が理解するのに役立つでしょう。

多くの本とは異なり、ＦＡＩＴは親同士のコミュニケーションの問題を扱うだけでなく、学校や地域社会、大家族といったより大きな文脈や影響についても論じています。本書は読みやすく、実際の親子の体験がわかりやすく描かれています。離婚を経験する親だけでなく、そうした家族とかかわるセラピストや教師にとって実践的な指針となり、一般の読者にとっても、離婚後の親子の新しい生活に役立つ情報や気づき、リソースを得ることができるでしょう。

Ｊ・Ｈ・ブラウン（元ルイヴィル大学教授）

本書は、下記の助成による研究成果を含んでいます。

○学術研究助成基金助成金（科研費）

- 2014～2016年度　基盤研究（C）「家族関係の再構築に向けた支援プログラムの開発と効果研究」研究代表者：福丸由佳
- 2017～2019年度　基盤研究（C）「エビデンスに基づく家族関係再構築支援プログラムの確立」研究代表者：福丸由佳
- 2018～2020年度　若手研究「離婚を経験する家族に対する心理支援モデルの構築」研究代表者：曽山いづみ

○その他の研究助成

- 2013年度　明治安田こころの健康財団研究助成「離婚を経験する家族への心理教育プログラムFAITの実践――移行期にある家族を支援する取り組みとその効果の検討」代表者：福丸由佳
- 2015年度　三菱財団社会福祉事業研究助成「親の離婚を経験する子どもの支援プログラムの開発――子ども向けFAITプログラムの導入と課題」代表者：福丸由佳
- 2016年度　文部科学省私立大学研究ブランディング事業選定　立教大学「インクルーシブ・アカデミクス――生き物とこころの『健やかさと多様性』に関する包摂的研究」研究代表者：後藤聡、心理学グループ家族心理学班 研究代表者：山田哲子「離婚家庭に対する心理教育プログラム（FAIT）の効果研究」

また、本書は2022年度白梅学園大学・白梅学園短期大学出版助成を受けて出版されました。

離婚を経験する親子を支える
心理教育プログラムFAIT
―ファイト―

目次

Ⅰ部

離婚のプロセスを見つめて

日本の離婚を取り巻く現状に触れつつ、
家族が移行していく長期的なプロセスを
親子それぞれの立場からみつめます。
そして、離婚を経験する（した）親と子を支援する
心理教育プログラムＦＡＩＴについて紹介します。

1章　家族の移行期としての離婚

本章では、離婚を「段階」という時間軸のなかで捉え、親子それぞれにとっての現実について検討し（1節）、特に、喪失や逆境的体験といった今日的な課題との関連からも考えます（2節）。そのうえで、親にも子にも重要な支援が必ずしも行き届かない現状にも触れながら、移行期の家族を支える取り組みの意味について考えていきます（3節）。

1　離婚の現状

家族の定義の難しさ

「家族」はとても身近で、社会で広く使われている概念ですが、実は家族を定義した法律はなく、民法では「親族」という言葉が用いられています。一方、「家族」と聞いてイメージするのは、両親とその子どもからなる家族、子どものいない夫婦のみの家族、ひとり親とその子どもからなる家族、祖父母を含む三世代の家族、再婚や養子縁組、里親など血縁関係のない親子を含む家族、同性カップルの家族など、さまざまでしょう。社会の変化とともに多様な家族の姿がみえてくると同時に、その定義は簡単でないこともわかります。

そのため、家族の現状を把握する際は、多くの場合、住居や生計といった生活上の実態に即した「世帯」という概念が用いられています。世帯区分で多くみられるのが、夫婦と未婚の子のみからなる世帯、単独世帯、夫婦のみの世帯、ひとり親と未婚の子どもの世帯、三世代世帯、その他の世帯です。

どれくらい身近な出来事か

そのなかで、一人の親と未婚の子どもからなる世帯は、二〇二一年の調査時点で全体の七・一パーセント、すなわち一四世帯あたり一世帯程度の割合です（厚生労働省2022）。ひとり親世帯になった理由の主なものは、配偶者との離婚、死別、未婚で、そのうち、離婚によるものが圧倒的に多くなっています。

離婚件数は、一九九六年以降、二〇万件を超えて推移してきました（コロナ禍の二〇二〇年に二四年ぶりに二〇万件を下回りましたが、婚姻件数の減少や社会経済状況の変化などによる影響も含めて、今後の推移は慎重にみていく必要があります）。また、婚姻期間別にみると、最も多いのは五年未満で全体の三〇パーセント以上、続いて五年から一〇年未満の世帯となっており、子どものいる離婚は、全体の六割近くを占めています。

こうした状況のなか、親の離婚を経験する子どもの数もここ二〇年以上、毎年二〇万人を超えて推移してきました。二〇二〇年に約四半世紀ぶりに二〇万人を下回りましたが（厚生労働省2020）、同じ年の出生数が約八四万人だったことを考えると、親の離婚を経験する子どもは、数、そして割合からみても決して少なくないことがわかります。つまり、離婚は特別な人が特別な場合に経験するライフイベントではなく、誰にとっても起こりうることであり、親の離婚を経験する子どもの存在も私たちにとって、とても身近であることがわかります。

プロセスを段階として捉える

離婚は、夫婦の情緒的な側面だけでなく、法的・経済的な側面も含めて、家族メンバーそれぞれに影響を与えます。また、一時的なことがらではなく、そこに至るまでの経緯や、その後の家族関係の変化まで含む、時間的にも長期にわたるプロセスとして捉えることができます。家族心理学には、こうしたプロセスにはいくつかの段階が存在するという考え方があります（McGoldrick et al. 2016）。それによると、主に、①離婚を決意する段階、②別れる計画を立てる段階、③別居の段階、④離婚の段階、⑤離婚後のひとり親の段階、に分けられます。

各段階には、多くの人に生じやすく、かつ、取り組む必要のあるテーマが複数存在すると言われています。たとえば、①では結婚生活上の問題の解決が困難であると認識すること、②では離婚後の子どもの養育や経済的な問題に親同士で取り組むこと、③では、これまでの両親と子どもといった家族のかたちを失うことや、その関係の喪失を悼むこと、などがテーマとして挙げられています。④の離婚の段階では、祖父母世代などの拡大家族とのつながりについて、⑤では、子どもの日常的なケアや経済的な責任を持ち続けることなどが含まれます。ほかにもいろいろなことが考えられますが、いずれにせよ、パートナーとの関係解消と同時に、子どもの養育をめぐる親としての経済的な役割をはじめ、さまざまな課題に対応していくことが求められます。

もちろん、すべてのケースがこうした段階を追って進むとは限りません。特に、①や②の段階を全く意識することなく、ある日突然、離婚という現実に向き合うことになることもあれば、別居の段階を経ずに離婚の段階に至る場合もあります。共通して言えることは、離婚はある時期に限った出来事ではなく、長期にわたるプロセスとして捉えられるということです。FAITの参加者の声を参考にしながら、子どもと同居している親（以下、同居親）、別居している親（以下、別居親）それぞれにとっての、また、子どもたちにとっての現実をみていきたいと思います。

親にとっての現実

夫との冷え切った関係に長年悩んだ末、やっと離婚を決意して切り出した後、パパ大好きの娘がパパに手紙を出したんです。そうしたら手紙を読んだ夫の心が戻ってきたようで。私からしたら、あれだけ苦しい思いをしてやっと決意したのに。でも子どもの様子をみると私も揺れてしまうし。それがよくないのかって、またさらに悩んでしまって。（同居親）

二人目の子どもの出産で里帰りした妻が、出産後、突然離婚したいと離婚届を送ってきて。一方的な言い分にびっくりして話し合いに行ったけれど、らちがあかず、結局、そのまま別れることに。もう自分としては何がなんだか納得いかないって感じで。（別居親）

子どもをはじめ、周囲の人とのやりとりで気持ちが揺れたり、パートナーや子どもとの関係を喪失するという、思いがけない突然の出来事にぼうぜんと立ち尽くしたり、怒りが込み上げてきたり。たとえ自ら積極的に選択したとはいえ、母親役・父親役の一人二役の負担感にあらためて悩まされることも。行きつ戻りつのなかで、なかなか思うようにはいかないということも少なくありません。

離婚は二者関係の葛藤に加え、子どもとのやりとり、周囲の人からの理解など、さまざまな要因が絡むプロセスで、転居や就職、転職といった生活上の変化が生じやすいことも特徴です。また、親権（未成年の子どもの養育監護、財産管理などを行う権利義務）や子どもの養育費などの経済的問題、面会交流（離れて暮らす親と子どもとの交流。親子交流ともいわれる。3章コラム1参照）をどのようにするかなどの課題にも対応しながら、新たな生活や関係を築いていくのにも、相応の時間や労力を必要とします。

さらに、離婚は元パートナーとの間だけでなく、祖父母を含めた三世代の拡大家族、子どもの学校や地域など、親子をとりまくさまざまな関係が影響しあう事象といえます。祖父母世代が子育てをはじめとするさまざまな面でサポート的に機能する場合もあれば、義理の親との関係や実家のかかわりが離婚の背景にある場合なども含めて、多世代間の関係が直接・間接にかかわっているケースもめずらしくありません。また、子どもにとって多くの時間を過ごす学校や地域の状況も、親子の日常に大きく影響します。子育て支援がそうであるように、制度や社会の要因も視野に入れ、地域コミュニティのなかで、子どもの育ちへの見守りや家族に対する支援をどう機能させるかも大きな課題です。

子どもにとっての現実

一方で、子どもにとっての親の離婚という体験は、これまで述べてきたような大人のそれとはまた異なります。離婚の段階という考え方も、あくまで大人からの目線を前提としたものです。さまざまな負荷がかかるとはいえ、当事者としてやりとりしたり決断したりしやすい親に比べて、多くの子どもは選択の余地のない結果として受け止めざるを得ません。

子ども時代に親の離婚を経験した二〇～三〇代の成人一〇〇〇人を対象とした法務省の調査によれば、両親が不仲になったことを知っていた、うすうす感づいていたという子どもが半数以上にのぼることが示されています（法務省2021b）。さらに未就学児でも三割以上が不仲を察知していたことも示されています（横山他2022）。その一方で、別居を開始する前に両親が不仲であることについての説明がなかった、または覚えていないという人が四七パーセントと、約半数いることも示されています（法務省2021b）。子どもの年齢や状況にもよりますが、十分な説明もないなかで、いつの間にか一方の親が不在になるという喪失体験は、子どもに不安などのさまざまな感情をもたらすことが指摘されており（直原・安藤2019など）、こうした体験をしている子どもたちが決して少なくないことがわかります。

ごった返す人混みのなか、今いる場所も向かう場所もわからずに、自分の目線から見えるのは大人の背中や足元だけ。とにかく一人の親とつないだその手だけは離してはいけないと必死に駆け足でついていく……。小さな子どもにとってはそのような体験かもしれません。あの信号を渡れば、その先が目的地で、などと見通しを持ちやすい大人とは大きく異なるのです。

また、年齢が上がれば上がったで、親同士の葛藤や複雑な関係を感じ取り、本当は尋ねたいことや言いたいことがあっても親に遠慮して自分の気持ちを抑え、むしろ親のことを心配するといった子どもなりの気遣いも多々あることが、離婚を経験した子どもたちを対象とした先ほどの調査をはじめ、さまざま指摘されています（藤田2020）。本書で紹介するＦＡＩＴの実践でも、同じ家族であっても、立場が違えばみえる景色や経験は大きく異なることを多くのケースから教えられます。

2　喪失、逆境という視点

離婚がもたらす変化

離婚を経験する親子双方に共通する視点の一つに、家族メンバーそれぞれにおける喪失の経験が挙げられます。離婚によって家族のかたちが変わることは、先述のような親の不在による喪失、夫婦関係・親子関係の喪失のほか、経済面での安定や慣れ親しんだ日常生活、さらにこれから共有したであろう時間など、親子双方にとってのさまざまな喪失を含む出来事といえるしょう。

もちろん日々の多くの体験がそうであるように、離婚による変化も失うばかりではなく、何かを得るというような転換点としての側面もあるでしょう。よりよく生きたいからこそ話し合ったことであり、その結果、経済的に自活する能力を実感してエンパワメントされたり、自由や安らぎを得られたりすることで、より納得する人生を歩む第一歩になることが本書で示されています（3章1節参照）。また、こういう体験を経たからこそ出会えた人との関係など、新しく始まる社会関係や家族関係の重大かつ興味深い兆しとして理解できる側面も指摘されています（Alexy 2020/2022）。子どもにおいても、離婚に至るまでの親同士の不和、諍《いさか》いから解放され、自立心や社会的な生活能力が向上するといったことも指摘されています（野口 2013）。こうしたプラスの面については、3章以降で述べることとし、ここでは親と子どもそれぞれの立場から、離婚と喪失について考えます。

喪失と悲嘆

喪失による悲しみを「悲嘆」（グリーフ）、また喪失を悲しんだり嘆いたり悼んだりするという心の作業を「喪《も》の作業」（グリーフワーク）といいます。大切な人との別れに限らず、慣れ親しんだ住まい、仕事、また自身の健康を失うなど、私たちの日常にはさまざまな喪失があります。新型コロナウイルス感染症という新たな試練と試行錯誤のなかで、別れを告げることさえ困難な喪失もあらためて大きなテーマになりました。また、宗教学者の島薗進《しまぞのすすむ》ら（2019）は、地域や親族などの共同体で悲嘆を分かち合い悲しみを共にしやすかった時代に比べ、現代社会は悲嘆の共有が困難になり、悲嘆に苦しむ人が増えており、悲嘆を分かち合うというグリーフケアがますます大切であると指摘しています。

✤（離婚によって）父がいて母がいて子どもがいてという、ずっと自分が理想としてイメージしてきた家族像を失ったと思うといたたまれない。そしてそれ以上に、子どもの未来からもそれを奪ってしまったと思うと申し訳なくて、やりきれなくて。（別居親）

自身も親の離婚を経験したからこそ、父・母・子のそろった家族を大切にしたかったという方からの声です。自分にとっての喪失はもちろん、子どもにとっても父と母と共に暮らすという未来が失われたこと、さらにそのなかで成長するであろう子どものこれからの時間に思いをはせるとき、親自身の悲嘆がなおいっそう強くなることがあらためてわかります。と同時に、こうした思いを言葉にする機会というのも大切なのだと感じます。

一方、こうした喪失感を抱えながらも、生活の変化や子どもの世話など、待ったなしの日常に向き合わざるを得ない場合は特に、悲嘆を分かち合ったり自分自身をケアしたりということは、二の次、三の次になってしまうのも現実でしょう。

あいまいな喪失

喪失のなかには「あいまいな喪失」という概念があります。災害などで家族が行方不明になったまま生死もわからないといったものがその例です。あいまいな喪失には、身体的には存在しているのに心理的には存在していないとされるもの（アルツハイマー病などで記憶や感情の表出がなくなった親との関係など）と、身体的には存在していないが心理的には存在しているとされるもの（離婚によって実親と子どもが別れて暮らすなど）、の二つがあり、親密な関係にある（あった）相手の身体的あるいは心理的な存在・不存在に関するあいまいさが、喪失のストレスをさらに高めやすいといわれています（Boss 2006/2015）。

すでに述べたように、親の不仲を察知しながらも、説明のないままに親が不在になるという状態は、子どもにとっては、やはりあいまいな喪失といえるでしょう。また、日々の子どものケアを担う同居親が、精神的な余裕を失ったり経済的にも追い詰められたりすることで、子どもへの養育機能が低下するような場合は、同居親とのこれまでの関係も変化するため、子どもにとっては、さらなるあいまいな喪失体験になることもあります。さらに、親の離婚の背景には親同士の葛藤関係があるため、死別の場合などと比べても、親に対するあいまいな喪失感や悲しみをもう一人の親と共有したり、支えあったりということが難しいことも指摘されています（野口 2012）。

また、離婚後の別居親との面会交流が中断した子どもの語りの分析から、自分の意志ではない理由で会えなくなる体験はもちろんのこと、会える関係が続くかわからない不安のなかでの親とのかかわりは、楽しいという気持ちをあえて抑えたり、いつか離れるかもしれないという気持ちを抱え続けたりするため、あいまいな喪失に近い状態が生じやすいことも示されています（小川 2020）。こうした一連の調査研究結果からも、子どもにとっての喪失、特にあいまいな喪失は、複雑なことが見えてきます。

離婚とDVの問題

さて、離婚の原因はさまざまですが、そのなかでも親子・家族の関係に、長期的、かつ大きな影響を与えるのが、DV（ドメスティックバイオレンス）の問題です。日本では、「配偶者からの暴力の防止及び被害者の保護等に関する法律」（DV防止法）が二〇〇一年にようやく施行され、二〇二一年度には一七万件を超える相談が各自治体に設置されている配偶者暴力相談支援センターなどの相談機関に寄せられています（内閣府男女共同参画局 2021a）。

DVは「身体的暴力」だけに限らず、大声で怒鳴る、生活費を渡さないなどの「精神的暴力」や「経済的暴力」、性行為の強要などの「性的暴力」も含みます。多くが家庭といった密室で起きる暴力であるために事実が表面化しにくいことに加え、本来安心を取り戻すための居場所が危険な場所に、また安心させてくれるはずの人が暴力をふるう張本人となる、さらに加害者による暴力の正当化が行われ、被害者は自信や自己尊重を奪われ外部に助けを求めにくくなり、逃げるために失うものも多いといった特徴が指摘されています（宮地・清水 2021）。

特に精神的暴力は、どこからDVなのか線引きが難しく、また証拠も残りにくいため、その被害が軽視されがちです。近年、よく耳にするモラルハラスメントは理不尽な言動や態度などにより相手の人格や尊厳をくり返し執拗に傷つけ、その恐怖や苦痛によって相手を支配し、思い通りにコントロールする暴力であり、精神的暴力とほぼ同義とされています。

言うまでもなく、DVは被害者の心身はもちろん、家族関係、さらには職業生活や社会生活にもさまざまな影響を及ぼします。二〇〇四年に改正された「児童虐待の防止等に関する法律」で、子どもの面前DVは心理的虐待に該当することが明示されました。夫婦間のDVが子どもに目撃される割合の高さ、DVと子ども虐待の関連の高さ（山下2021）、慢性的なストレスによる脳への影響（Blaunstein & Kinniburgh 2010/2018、黒田2022）も指摘されており、こうした点を踏まえることも重要です。

また、長年DV被害母子のグループに心理教育プログラムを実践してきた春原由紀《すのはらゆき》（2011）は、親のDVにさらされてきた子どもたちは、それについて話してはいけないと感じている子どもが少なくないと指摘します。その理由として、DVの有無にかかわらず、両親が不仲になることへの子ども自身の傷つきがあることに加え、愛着対象である親が同じく愛着の対象であるもう一方の親に暴力をふるうという葛藤を生むこと、さらにDVを自分のせいだと思っている子どもが少なくないことも挙げられています。また、DVが子どもに与える影響は、こうした自責感や無力感といった感情面にとどまらず、行動面や認知的側面、身体発達にも及びます（春原2020）。つまり、DVの問題は、両親が別居すればすぐに解消するという簡単なものではなく、親と子どもそれぞれへの支援はもちろん、親子関係を視野に入れた専門的かつ長期的な支援が重要なのです。

子ども時代の逆境的な体験

離婚がさまざまな喪失を伴うこと、またＤＶの問題もはらむことが少なくないことを踏まえると、離婚というライフイベントの前後には、安心や安全といった家族が本来有するであろう機能が損なわれやすい状況がみえてきます。こうした家族の機能不全がもたらす影響は、米国疾病予防管理センター（ＣＤＣ）を中心とした逆境的小児期体験（ACEs: Adverse Childhood Experiences）の研究から、さまざまな知見が示されています。

ACEsの一連の研究によると、一八歳までに子どもが経験しうる虐待被害（身体的・心理的・性的虐待と心理的・身体的ネグレクト）や、ＤＶ、親のアルコールなどの問題、親の犯罪、親の精神疾患、親の離婚や別居による家族機能不全といった子どもにとっての逆境的体験が、神経発達不全や、社会的・情緒的・認知的な障害を抱えるリスクを高めること、また、一般に認識されているよりも多くの人に、それらの経験がみられること、社会適応上の問題や早期の死亡にもつながりやすいことが示されています（野坂 2019）。

ここに挙げられた体験は、子どもが安心し、かつ見通しをもって過ごすことを難しくさせるもので、これらが子ども時代に多く積み重なることで、成人期のメンタルヘルスの問題や身体疾患の発症リスクが高くなると指摘されています（Felitti et al. 1998）。一方、ACEsの体験をすることは珍しいことではなく、米国の調査では子どもの半数が少なくとも一つのACEを体験していると指摘されています（Hays-Grude & Morris 2020/2022）。つまり、親の離婚という単一の出来事だけで問題が生じるというより、たとえば離婚の背景に両親間のＤＶや親の飲酒の問題があり、ネグレクトが生じているなどの長期的なリスク要因が累積されていくことが、子どもの心身の健康に、より深刻な影響を及ぼすということを意味しています。

これまでの離婚に関する研究においても、説明のない突然の両親の別居や、愛着対象であった別居親との接触のなさ、同居している監護親の不適応状態と親機能の長期にわたる低下などの要因が重なることで、子どもの心身への影響も長期にわたりやすいことなどが指摘されてきました（棚瀬2004など）。近年の国内外の知見からも、離婚の前後に生じやすいリスクをいかに軽減できるかという視点が、子どもの成長発達のうえでとても大切であることがあらためてわかります。

3　家族の移行期という視点とその課題

制度と支援

親子それぞれにとっての離婚やそのプロセスで生じうる大切なことがらについて、主に心理学的な知見からみてきましたが、実際の制度や支援の状況はどうなっているでしょうか。

近年、法務省法制審議会の家族法制部会で、家族法制に関するさまざまな議論がなされており、離婚後の家族のあり方や支援についても大きな過渡期にあることがわかります（法務省2022）。

現在の日本の民法では、婚姻中は原則として両親が共同で子どもの親権を行使しますが、離婚の際は父母のいずれかを子どもの親権者と定める単独親権制度をとっています（民法八一九条）。親権を行う者は、子の利益のために子どもの監護（共に生活し、身の回りの世話をすること）や教育、子の財産を管理するといった権利を有し、義務を負うとされています。このことは、離婚後も子どもは一人の人間として、成長発達する権利や親に養育される権利を保障されているということを意味しています。

二〇一一年の民法改正で、離婚後の面会交流と監護に要する費用について明文化され（民法七六六条）、その後、離婚届の用紙に面会交流と養育費（子どもの監護や教育のために要する費用）の取り決めがなされているかのチェック欄も設けられました。ただ離婚手続きに司法機関が介在する米国などと異なり、日本では九割近くが夫婦の合意のみで手続きできる協議離婚です。またこの取り決めも離婚の要件ではなく、「取り決めをしている」にチェックされていても、どのような内容なのかわからないのが現状です。

このように、子の利益を最も優先して考慮すべきとされていても、具体的な検討が十分にされているとはいいがたい現実がみえてきます。また、多くの離婚のケースでは、司法機関をはじめ第三者機関等の介在はないため、何か悩みがあっても相談相手は家族や親戚に限られる、もしくは相談する人さえいないという場合が少なくありません（江 2020）。結果として、経済的な問題や育児不安の高さといった親の負担感や不安感につながりやすい現実がみえてきます（大森他 2016）。

これは国際的な指標からも指摘できます。二〇二一年のOECDのデータによれば、ひとり親世帯の相対的な貧困率は、OECDの平均が三一・九パーセントなのに対して、日本は四八・三パーセント、四三か国中三番目に高いことが示されています（OECD 2021）。この背景には、母子世帯の多さを含めたジェンダーの問題も関係しており（7章2節参照）、ひとり親世帯の経済的な支援においても課題が多いことがわかります。

届きにくい支援を届ける取り組み

こうした状況を背景にしつつ、これまでも、問題が複雑化するまで支援につながりにくい問題が指摘されてきましたが（大瀧他2012）、特に、領域をまたぐ連携の難しさなどもあるようです。たとえば、離婚時の取り決めをめぐる両親間の葛藤が高いケースにかかわる司法領域の専門家や、症状を呈している子どもに向き合うことが多い医療領域の専門家は、両親間葛藤の解決や呈している症状という目の前の課題への対処はできても、支援において取り残されやすい親子の関係性などにまでアプローチすることは容易ではないと感じていることも示されています（福丸他2022）。

こうしたなかで、声を上げにくい子どもたちへの支援は、特に大きな課題です。先述の、親の離婚を経験した成人を対象とした調査では、「自身の経験を踏まえて今後、両親の離婚や別居を経験する子どもたちについてどのような支援や配慮が望ましいと思うか」という問いに対して、四割以上の人が、「離婚または別居の前後に、子どもの精神面・健康面に問題が生じていないかチェックする制度」や「子どものための身近な相談窓口の設置」が必要と答えています（法務省2021b）。この調査によると、実際に周囲に相談した子どもは一割弱ということですから、その時点では支援を求めはしなかったものの、子どもたちは援助ニーズを潜在的に抱えていたということがうかがえます（横山他2022）。

近年、自治体や学術団体などが中心となって、子どもの養育費の問題をはじめとする養育支援の取り組みを積極的に担う動きも見られるようになっています。たとえば自治体が各領域の専門家とのネットワークを構築し、より積極的な支援を行う試みや（明石市2021）、複数の領域にまたがる研究者や実務者、実践者、支援団体による協働的な学術団体（たとえば、日本離婚・再婚家族と子ども研究学会）による活動もみられるようになっています（野口2019）。また、民間機関の活動もさまざまなかたちで行われていますが、特に子どもの視点を大切にしながら、親との面会交流を支援する活動なども活発になってきています（光本

2022など)。

親が一人であろうと二人であろうと、次世代を担う子どもの養育の大切さは変わりません。これまでみてきたように、さまざまな負荷が生じやすいなかで離婚を経験する親子、家族をケアする仕組みづくりは、今後さらに求められるでしょう。

家族の移行期を支える

本書で紹介するＦＡＩＴ(FAmilies In Transition)プログラムは、日本語にすると「移行期にある家族」という意味です。縁あって乗り合わせた家族という船のなかで、子どもの誕生や就学、巣立ち、また夫婦の離別や死別など、私たちはさまざまなライフイベントを経験します。特に、子どもの誕生や親の離別や死別は、人の数やその関係にも変化が生じるため、多かれ少なかれ船はバランスを崩しやすく、家族メンバーも揺れを経験します。その揺れの感じ方や船から見える景色、そしてかぶる波の大小もさまざまで、同じ家族のなかでもとりわけ大人と子どもとでは大きく異なるでしょう。それゆえ、家族のかたちが変わる移行期には、適切な情報やサポートを得ながら舵取りをしていくことが必要です。

ＦＡＩＴは、こうした移行期にある家族が、そのかたちを変えていくプロセスに寄り添えるプログラムでありたい、特に親同士の葛藤のなかで置き去りにされやすい子どものことも大切に、家族を支えたいという思いから開発された米国のＦＩＴ(Brown et al. 1994)をベースに、日本の実情に合うよう許可を得て変更しながらできあがってきたものです(福丸2020)。

プログラムの実施対象は離婚を経験している家族ですが、家族とかかわる専門家はもちろん、親子とかかかわりのある祖父母や親戚といった家族を取り巻く人たち、また保育者や学校の先生などを含む子どもとかかわる大人が知っておくとよい知識や情報もたくさん含まれています。そこで、２章では、プログラムの目的や特徴、親子の各プログラムについて紹介します。

2章　ＦＡＩＴプログラムとは

本章では、ＦＡＩＴプログラム（以下、ＦＡＩＴ）の日本への導入やそれに伴う変更の経緯、親プログラムの概要（１節）、子どもと思春期向けプログラムの概要（２節）、実践からみえてくる親子の状況とプログラムの中立性（３節）について述べていきます。

1　親向けプログラムの概要

その目的と日本への導入

このプログラムの大きな目的は、まず、離婚が子どもに与える影響や子どもの感情について、親が情報を得たり理解を深めたりすることで、子どもにより適切にかかわれるようになり、結果として子どもの不安や抑うつ、問題行動などを予防し、成長や発達も支えることです。また離婚という共通の体験を通して参加者同士が体験や知恵を共有しあうことなどを通して、移行期にある親と子どもの双方が支えられることです。個人のカウンセリングなどでも活用できる内容が多く含まれていますが、基本的には一〇名前後のグループで行うことがほとんどで、親向けのテキストも用意されています。合計で、四～五時間程度、通常二～三回に分けて行われます。参加者同士のやりとりも大切にすることから、グループ内で話されたことをそのままＳＮＳにあげないなど、グループのルールを大切にしながら、心理支援の資格を持ち、トレーニングを受けたグループの進行役であるファシリテーターが入って実施します。

プログラムを日本に導入するにあたっては、あらためて検討を要する点がいくつかありました。まず、米国とは異なり、離婚のプロセスに司法機関などのかかわりを経なくても離婚が成立する日本では、参加対象者についてもよりていねいな検討が必要と考えました。そのため、原則、係争中でない人を対象とし、調停中などの高葛藤ケースの場合は、プログラムの説明とアセスメントとを兼ねた事前の電話面談のなかで参加を慎重に検討していただくようにお願いしています。

また、1章で述べたＤＶの問題が関係している場合は、被害者支援と加害者支援という双方の視点や、なによりも子どもを含めた家族の安全という観点からも、加害者への対応も欠かせません（加害者への働きかけなどについては7章3節参照）。さらに、トラウマに関する知識や情報をふまえた理解に加え、医療や司法分野との連携などのより高度な専門的介入が必要になってきます（山下2021）。こうした専門性の高い介入が必要なケースに対しては、グループでの実践を基本とするＦＡＩＴのような実践には、より慎重さが求められます。そのため、ＤＶの問題がある場合には、米国同様、まずはそちらの対応を優先していただくことを原則としています。そのうえで状況が改善し、支障がない場合に限って、参加を検討していただくようにしています。

さらに、このプログラムの特徴の一つでもある、子ども向けプログラムの位置づけも検討しました。子どもグループは、一一歳くらいから一七歳までの「思春期グループ」と、五～一〇歳くらいの「子どもグループ」に分かれています。米国では、親の参加が義務づけられるとともに、子どもも全員の参加が奨励されていますが、日本では、子どもが参加することについての親の判断を尊重するため、原則として親自身がまずＦＡＩＴに一回参加してプログラムの内容や目的を理解したうえで、子どもにも参加させたいと考えた場合に、二回目の実践時、またはそれ以降の機会に子どもグループを設定して行っています。

参加者、プログラムの構成

親向けのプログラムの参加者は、同居親や別居親などの別は問いません。もちろん、元パートナー同士は別々のグループに参加していただきますが、同居親、別居親、父親、母親を含め、いろいろな立場の親が参加するクローズドグループで構成されています。心理学の知見を背景とした内容にはじまり、参加者自身の体験なども交えて、まず離婚というライフイベントをさまざまな角度から捉えていきます。子どもがいる家庭では、やはり多くの親にとって子どもへの影響が気がかりではありますが、同時に親自身もさまざまな思いを抱えています。それゆえ自身の体験や思いを可能な範囲で言葉にすること、それに対して敬意をもって耳を傾ける他者、たとえばＦＡＩＴではファシリテーターや参加者などがいることも大切でしょう。

また、立場の違う親同士の体験や思いを知ること——たとえば、子どもと会えずに日々の様子がわからないなかで、さまざま案じている別居親の気持ちを聴くこと、日々子どもと奮闘する同居親の大変さや苦労を別居親が垣間見ることなど——は、立場の違う者同士の視点をもつことにつながります。他の親の思いや経験、また子育ての工夫などを共有するといったグループならではの特徴を感じる時間でもあります。

実際のプログラムは、主に次のような三つの視点に基づく内容から構成されています。

パートA　離婚にまつわる子どもの気持ちを理解し、対応を考える
パートB　離婚後の親子関係を強化する
パートC　離婚後の親同士の関係（米国版FITでは、協力して子育てする関係を築く）

パートAは、親自身の離婚の体験やその思いをていねいに扱ったうえで、子どもにとっての親の離婚や子どもに生じやすい感情について、子どもの年齢や発達段階にそって考えていきます（3章2節参照）。パートBは、離婚後の親子関係や子どもの気持ちに応えるといった、日常の親子のやりとり（5章1節参照）、また実親の再婚を経験する子どものいる家族、すなわちステップファミリー（コラム4参照）を視野に入れた、親自身の新たなパートナー関係についての内容も含まれています。パートCは、親同士の関係や子どもの養育についての内容です。夫婦関係は解消しても、可能な範囲で親子関係はできるだけ維持するために親としてどのように子育てにかかわるか、親同士の関係に焦点をあてていきます（5章3節参照）。全体を通して、親自身の体験を振り返り言葉にすることやセルフケアなどを大切にしたうえで、両親間の葛藤の板ばさみになりやすい子どもの気持ちやその視点に思いをめぐらしていきます。

日本版での工夫

日本にプログラムを導入・実施していくとなると、やはり社会文化的な差異を踏まえた検討が必要で、

そこからもあらためて日本の家族のありようや親のおかれた状況がみえてきました。親プログラムで大きく検討が求められたのは、親権などの制度的な違いと三世代の関係に対する文化的な面です（福丸2020）。

まず、共同親権が原則の米国では、共同養育、共同子育ての概念は身近なのに対して、現状、単独親権制をとる日本では親権をめぐる葛藤が生じやすく、親同士の関係、共同して養育するといった視点に至りにくいことが少なくありません。その背景もさまざまですので、よりていねいに進めることも必要です。米国版ＦＩＴの「協力して子育てする関係を築く」は、「離婚後の親同士の関係」と変更し、親自身の養育スタイルや、コミュニケーションなどの親同士の関係に至るところもていねいに進めるよう工夫しています。

もう一つ、参加者の体験として多くの声が得られたのが、祖父母を含む三世代の関係でした。日本の場合、離婚後に同居親が実家に子どもを連れて戻ったり、経済的に援助を受けたりするケースが米国と比較して多く、実家との情緒的な結びつきが総じて強いため、親子双方にとって、祖父母は大きな存在といえます。三世代の関係のなかで生じるテーマは、日本での実践開始当初からよく話題に出たことも踏まえて、テキストのなかに参加者の声を参考に作成した祖父母向けの内容を加えています（6章1節参照）。

2　子ども、思春期に向けたプログラムの概要

子ども向けプログラムの概要

開発者のブラウン博士によれば、ＦＩＴは親の葛藤のはざまで取り残されやすい子どものために、まず

着手したプログラムだったそうで、子ども向けの内容は大切に位置づけられています。その内容を米国版と日本版を比較しながら紹介します。

まず、一〇歳くらいまでの子どものグループです。米国版FITでは、パートAは気持ち、パートBは、そのなかでも怒りの感情を主に扱い、パートCは問題を解決する、ということが主な内容です。

一方、日本版FAITでは、すぐに感情（気持ち）を扱うのではなく、家族のかたちはさまざまで、両親が別れて暮らすことになった自分の家族も、そのなかの一つということからゆるやかに進めていくために、次のように変更しました。

パートA　りこんって何？
パートB　きもち
パートC　きもちの表し方、つきあい方
パートD　もんだいをかいけつする

これは親グループのなかで、離婚を子どもにどのように話すか悩んでいる人が少なくないこと、社会全体にこうしたテーマをよりオープンに語る土壌がないことを踏まえて検討した結果です（福丸2013a）。また、とりあげる気持ちも、どちらかというと怒りより、悲しさや不安、混乱、恥ずかしいなど、自分のなかに向かう感情を含めて、ていねいかつ慎重に進めていけるような変更を加えています。

一般的に、幼い子どもは自分の気持ちに気づきそれを理解すること、適切に表現することはまだ難しい面が多々あります。離婚という家族の複雑な関係についてはなおさらでしょうから、絵本や身近な題材を基にしたワークなどを用いながら、子どもの気持ちに少しずつ目を向けるといった工夫も大切です。また、子どもが抱く気持ち自体のノーマライズ（そういう気持ちになるのは自然だよね、などと一般化する）とともに、自分の気持ちをどのように扱うか（たとえばきょうだいをたたいたらだめだけど、サンドバッグや枕をたたくのはいいかもしれない）など、離婚に限らず、子どもが自分自身を大切にしながら人との関係を築くためのポイントが盛り込まれているのも、本プログラムの特徴の一つです。

子どもプログラムについての具体的な内容や子どもたちの声は4章で述べますが、こうしたやりとりのなかで、子どもとしての時間を大切にしつつ、親の問題とは少し距離をおけるようになることも大切な目標の一つです。おもちゃや絵本なども用意して、子どもたちの様子を見ながら、みんなで取り組むところと、個別に取り組むところを柔軟に使い分けたり、飲み物やお菓子を手におしゃべりしたり。ゆったりした時間もとても大切だと感じています。

思春期向けプログラムの概要

思春期の子どもは分別もあり、親の立場の理解や自分の気持ちのコントロールもある程度できると思われがちですが、親の離婚による影響は慎重に捉える必要があることが国内外の知見からも示されています（Brown et al. 1994、小川 2018）。両親の葛藤関係を長年一番近くで感じていた場合などは、離婚という選択に安堵感を抱く場合もあるでしょう。ただ、親と過ごした時間の長さや思い出の多さゆえに喪失感や両親に対する思いが複雑であることも子どもたちの声からうかがえます（4章2・3節参照）。

また、思春期は成長過程のなかで、身体的にも精神的にも大きく変化する移行期であり、一般的にも親子関係の葛藤が生じやすい時期です。分別があるからこそ親に対してもう少し我慢できないのかと批判的になりやすかったり、自身の人生について考える時期だからこそ一人の大人として親をより客観的に評価したりという面もあります。

さて、思春期プログラムも、三つの部分からなります。米国版FITでは、パートAは気持ちを理解すること・怒りに対処すること、パートBは失ったものに対処すること・気持ちを伝えること、パートCは問題を解決すること、という内容からなっています。一方、日本の実践においては、実際に参加してくれた中高校生や大学生たちからの声を踏まえつつ検討した結果、次のような構成に変更をしました。

パートA　あなたにとって離婚ってどんなこと？　離婚によって変わったこと
パートB　気持ちを理解すること、気持ちを伝えること
パートC　問題を解決することと、解決方法を見つけること

このように、すぐに自分自身の感情に焦点をあてるより、自分にとっての親の離婚や、離婚による変化などを少し整理したうえで、気持ちについて考える流れのほうがいいと考えました。また、気持ちについても、腹立たしさ、怒りといった感情から入るよりも、むしろ、悲しみや不安、困惑、恥や罪悪感といった内側に向かう否定的な感情もていねいに扱いながらのほうがよりしっくりくるという実感をもっています。ただ、この点を単に文化差とだけ考えていいかといった点については、7章3節でも触れます。

親グループを含めたプログラム全体に言えることですが、必ずしも離婚というテーマにとどまらず、日常生活、特に人との関係のなかで役に立つような内容を〝楽しく〟考えていく工夫も大切にしています。

3　日本で実施するプログラムとして

実践からみえてくる親子の状況

日本に導入後、参加前後に行った親への調査から、「子どもにもう一方の親とも話すように促すこと」や、「子どもが離婚についての気持ちを共有できる活動に参加すること」がより重要だと感じるようになったり、「離婚は子どものせいではないと子どもに伝える」言動が増す傾向がみられたりといった変化も示されています（福丸他2014）。また、とりわけ、子どもの視点で考えることの大切さとともに、自分とは異なる立場の親の視点への理解が深まる面もあるようです（大西他2022）。

一方、ＦＡＩＴに参加した親たちから、子どもたちにも参加させたいという要望が届くものの、いざ実施しようとすると、子どもグループ、思春期グループ共に、大人向け以上に工夫が必要なこともみえてきました。日本では、先述の通り親が一回参加したうえで、子どもは二回目以降の参加としていますが、親自身がぜひと思っても、実は離婚についてきちんと話せておらず、次の回までに切り出せなかったり、子どもの貴重な休日を自分のことで時間を使わせるのは、と遠慮したり、忘れているようなことをわざわざ思い出させたくないと思いなおしてやめることにしたり、と親自身にもさまざまな葛藤があり、子どもの参加につながらないことも多々あります。ＦＡＩＴとして強くに参加を勧めるわけではありませんが、あらためて、こうした現実の難しさも見えてきて、グループでも話題になることもあります。

一方、これまでのプログラムに参加した子どもたちの様子やフィードバックから、子どもグループへの参加を通して、親の離婚を経験しているのは自分だけでないことをあらためて感じたり、他の子どもの体験を聞いたり自分の思いを言葉にしたりという経験を子どもたちがポジティブに捉えていることがうかがえます。また、米国のＦＩＴプログラムで使用されている海外の子どもたちが語る動画を視聴し、自分の思いを重ねて言葉にしてくれた子どもの姿などから、親には親の事情があるらしいが、こういう話をしたいと思ったら、誰かに（親や家族以外の信頼できる人に）話してもいい、ということを子どもたち自身が知ること、理解することもやはり大切であると教えられました。

ただ、特に思春期グループなどで活発に意見が出てくるかと言えば、必ずしもそうとばかりはいえません。それは日本に限ったことではなく、離婚成立プロセスに組み込まれ、多くの子どもが参加する米国でも、意見を求められてようやくぼそぼそっと発言するという子どもも決して少なくありませんでした。親が決めたことなのになぜ自分が？　という態度でファシリテーターの隣でイラストを描き続ける、などいろいろな子どもたちの姿もありました。やはり子どもにとっても、親が離れればなれになるということ、そのプロセスを生きることは、決して一筋縄ではいかないのだと痛感させられます。

プログラムの中立性

親グループの参加後に、「こういうプログラムは相手こそ受けるべきなのに、元パートナーは関心がない」「自分は熱心に学んでいるのに、親としてできることが非常に限られていて理不尽だ」という感想をいただくことがあります。こうした思いは、パートナー間の葛藤にとどまらず、現行の社会状況や制度のなかで、自分の思いや頑張りがなかなか報われないもどかしさや、やりきれなさなども関係していると感じます。

また、離婚後の親権や養育費などにかかわる法整備などについて、さまざまな議論されている昨今、（親向け講座として位置づけられる）FAITはどういう立場なのか、という質問をいただくこともあります。これに対して、実践に携わる者としての答えは、「（参加者は親であっても）まず、親の離婚を経験する子どものためのプログラムであり、子どもの親である両親のためのプログラム」となります。

もちろん、子どもと一緒に暮らしていないとプログラムの内容がそぐわなかったり、意味づけが異なったりという限界もあります。また、立場や状況によっていろいろな思いをしている人がいることを大切に受け止めることも必要です。同時に、プログラムとしては、立場を限定したり、特定の状況の人を優遇したりするのではなく、多くの方に開かれているものとして存在できるように、別居・同居などを問わず参加できるものであるよう意識してきました。

グループでは、心理学的な知識や情報を得たり、さまざまな状況の親の思いを共有したりすることで、先述のように異なる立場、視点からの理解が大切であるという意識も深まり、特に親同士の関係への見直しにもつながります（5章3節参照）。そういう意味では、親として今できていることを再確認し、この状況のなかで子どもや自分自身のために工夫できそうなこと、今後に活かせそうなことを一緒に考えられる機会になればと願っています。そのためにもプログラムとしての中立性は大切です。DV等の、より専門的な対応を要する場合などを除いて、グループへの参加が可能な方は誰でも対象となるものでありたいと考えています。

さらに、当事者の親だけでなく、われわれ大人が知ることの意味も含めて、支援者をはじめ、広く共有できるものでありたいとも考えています。それが、結果として、未来のある子どもたちのことを一番中心に考えられるということにつながりますし、子どもにとって大切な親を支えることでもあり、親子双方の幸せにつながるのではと考えています。

とはいえ、これはやはり簡単ではなく、考えさせられたり反省したりすることも多々あります。また、さまざまな思いをしている親、子どもの声をもっと共有したいと思う一方で、そのことの重さも実感しています。こうした思いを踏まえながら、Ⅱ部では、これまで参加してくださった親子、また一部は研究で得られた声に基づくエピソードを中心に、親と子ども、それぞれの目から離婚という家族の移行期について考えます。

II部

親子の声を聴く

ＦＡＩＴに参加した親と子はなにを語ったのか――。
それぞれの体験や気持ち、
同居親・別居親と子どもとの関係、そして
親同士の関係について考えます。

3章　親の声を聴く

本章では、親グループの実践のなかでも特に、親にとっての離婚という視点から、その切実な思いや経験について（1節）、また親の立場から子どもにとっての親の離婚について考えること（2節）、離婚のときに子どもが抱えやすい気持ちについて知ること（3節）など、親の声をまじえて考えていきます。また、親プログラムの前半にあたる内容の一部も紹介します。

1　それはどんな体験だったか

それぞれの思いで参加する

ＦＡＩＴには、さまざまな状況にある人たちが参加します。離婚が成立する前の人もいれば、離婚からかなり時間が経っている人もいます。子どもと暮らしている親もいれば、離れて暮らしている親もいます。子どもの年齢も、未就学児から高校生や大学生までさまざまです。また、積極的に話がしたい人もいれば、いろいろな人の話を聞いてみたい人、話をするよりも知識を得たいという人もいて、プログラム参加に対する思いも人それぞれです。

一〇名前後という少人数でのプログラムとなると、どんなことをするのだろうかと、緊張もしますから、プログラム中にも自由に手にとってもらえるお茶菓子や飲み物を準備するなど、堅苦しい雰囲気にならないように、少しでも緊張をほぐしてもらえるようにと工夫しています。また、参加者はこの場で呼ばれたい名前で参加するなど、プライバシーにも配慮しています。安心して参加してもらうために、無理に話をする必要はなく聞いているだけでもよいこと、お互いの発言を尊重してほしいこと、話された内容をグループの外に持ち出さないこと、といったルールの確認も大切にしている部分です。

グループのルールを確認したところで、自己紹介です。現在の自身の状況について差し支えのない範囲で話してもらいながら、プログラムの内容に入っていきます。

それぞれのプロセスを振り返る

まず、離婚と一言でいっても、そこにはさまざまな段階（1章1節参照）があり、それぞれの段階で生じやすい課題があると説明すると、参加者からもいろいろな声が出てきます。

✿私の場合は、「別居の段階」。「離婚を決意する」「別れる計画を立てる」は全くできていなくて、子どもとの面会のことなど何も決められていない。一方的に私が悪者扱いされ、冷静に現実を受け入れるなんて無理な話ですよね。結婚なんて二度としたくないし、今の状況では、離婚後も元パートナーと子育てに関して協力するとか、新たな関係を築くなんて考えられないですよ！（別居親）

やり場のない怒りや現実を受け入れたくない気持ち、自分だけではどうにもできないやるせなさ、悔しさなど、整理のつかないさまざまな感情が伝わってくるエピソードです。このように一方的に別れを切り出された場合には、段階を経るという感覚は当てはまりませんし、現実を受け入れられないという心情になるのも無理もありません。お互いの状況や考えが異なることも多く、そうした認識のずれや気持ちのすれ違いが、問題をいっそう難しくするのだと考えさせられます。

✿今、自分がこの段階のどこにいるか、と聞かれても難しい。どっちつかずで、場合によって自分の気持ちがぐちゃぐちゃ。子どものためにと冷静に元パートナーとの関係を考えられる時もあるし、かと思うと怒りが湧いてくることもあって、どこに落ち着いたらいいかわからないですね。（同居親）

ほかに、「元パートナーのことを思い出してしまう」「段階をぐるぐる回っている状態」など、そのプロセスは明確に理論に当てはめられるわけではなく、行きつ戻りつすることもあることがわかります。前向きに将来のことを考えられるときもあれば、悲しみが強くなったり、関係修復を期待したり、相手を責めたくなったりと、まさに「気持ちがぐちゃぐちゃ」なのだろうと感じます。

離婚の段階という考え方は、過去を振り返って今後の見通しをもつうえで参考になりますが、一方で、段階ごとのさまざまな課題が提示されることで、こうしなければいけないのに自分はできていない、という思いにつながるかもしれません。これはあくまでも理論であり、思うようにいかない現実のなかで親がどのような体験をし、どのような気持ちでいるのか、といったことに目を向けていきます。

失ったものを振り返る

親自身の体験を振り返ったり語り合ったりするうえで、大きなテーマとなるのが、離婚によって「失ったもの」「得たもの」「支えになったもの」という視点です。プログラムでは、これらの視点から参加者自身の体験を振り返ってもらい、挙がった意見をホワイトボードに書き出しながら共有していきます（後掲の表1参照）。参加者同士で共感しあったり、他の参加者の話から気づきを得たり、グループならではのやりとりの深まりが感じられる時間です。ここではまず、失ったものに関する声を紹介します。

✤ここまで一緒に歩いてきて、この後の人生設計もだいたいできていたのに、それがなくなってしまった。思っていた計画とか夢も全部なくなっちゃったなという喪失感がすごくあります。過去に対しても、今までの時間とか思い出とか、すべてのものがいったいなんだったんだろうって……。（同居親）

✤子どもの入学や卒業だったり、結婚だったり、人生の節目の姿は見られないかもしれない。自分の子どもが成長していく姿を見られないなんて……。こんなに悲しいことってないですよ。（別居親）

家族と過ごした時間や思い出の意味づけが変わり、思い描いていた未来も失い、心にぽっかりと穴が空いてただただ喪失感でいっぱい、なんとも言いようのない切ない思いが伝わってきます。

✤元妻やその両親からは、自分はとんでもなく悪いやつだという言い方をされていて。だから、自分で自分を信じられなくなるっていうか、本当の自分はすごく問題のある人間なのかもしれない、そういう自分への疑いみたいなものも出てきて。周りは何も言わないけど、実は私のことを悪く思ってるんじゃないかな、とか考えたり……。そういう不安は今でも消えずにあります。(別居親)

こうした声に加えて、「離婚した自分、親としての役割を果たせなかった自分をだめな人間だと感じる」など、自信や他者からの信用を失ったと話す人は少なくありません。他者からどう思われているのかという不安から、人を信用するのが怖くなったという人もいました。

家族と過ごす時間、経済的安定、住み慣れた家やその地域でのつながりなど、物理的に失うものもたくさんありますが、「気持ちがひどく落ち込んで眠れなくなった」など心身の不調について話題が及ぶこともあり、心理的側面での喪失の大きさについて、あらためて考えさせられます。

何気ない日常の場面で揺れる

❀テレビの番組、CMにしても、「家族」というものがあるものに対して、そうじゃなくなったんだと。片親が幸せじゃないわけではないけど、両親と子ども、という家族が一般的なかたちとして出てきて、家族だんらんという感じを目にしたときに、私は違うんだなって……。(別居親)

❀子どもと母親だけで出かけることは離婚前からあって、それは自然なことだったんですよね。なのに、離婚してからは、父親のいない家庭って周りからはみえるんだろうなと考えてしまって。出かけるのが嫌だった時期がありました。（同居親）

ほかにも、「買い物一つにしても、子どもがいるのといないのとでは買うものが違う。そういうときに、もう前とは違うんだと感じる」と話す別居親もいました。今までは気に留めていなかった何気ない日常で、喪失感を抱いて寂しくなったり落ち込んだりと、不意に親の気持ちが揺さぶられることがあるのだと気づかされます。

また、7章でも取り上げますが、「家族＝両親と子ども」という家族イメージが、当事者だけでなく社会のなかにも根強く浸透していて、そうした家族観が、「自分は世間一般の家族ではなくなった」という喪失感につながりやすいことも見えてきます。

自分にとって得たものを考える

失うばかりではなく、離婚してよかった、それによって感じたいい変化もあったという声も決して少なくありません。FAITでは、こうした視点も大切に考えます。

✤夫との関係で苦しかったことから解放されたことは大きいですね。夫がどう思うかなどと気にせずに、自分の思う通りに決められる。今までいかに押し込められていたかと思うし、自分らしさを取り戻せたように思います。私の場合、失ったものよりも得たもののほうが大きかったかもしれない。（同居親）

❀離婚当初はネガティブなことばかり考えて、苦しくてしょうがなかったんですよね。でも、時間が経って、よくないことばかりじゃないって思えるようになってきました。(別居親)

❀経済的な不安もあったし、仕事も家事も育児も一人で全部こなせるか不安だったけど、やってみたら意外とできて、それはすごく自信になりました。子どもも親の顔色をうかがわずにのびのびと過ごせるようになったし、離婚を決断してよかったなって。(同居親)

ほかに、「子どものことを考えると、やっぱりこれでよかったと思えることのほうが多い」「心の底から笑えるようになった」「離婚後のほうが親同士で言い争うことも少なくなって、ちょうどいい距離感だと思う」と話す人もいました。自ら望んで離婚した人にとっては特に、前向きな選択としての意味あいも大きいのでしょう。心理的な面だけでなく、新たに出会った友人や、新しく始めた仕事なども多く挙がります。なかには、相談できる場や情報の少なさ、別居親の立場が弱いことへの気づきなど、社会への問題意識を得たという声もあります。

同時に、離婚によって得られるものも大きいとはいえ、日々の大変さや、簡単には割り切れない思いが語られることも少なくありません。

❀離婚してよかったと思うことはたくさんあります。でも、一人でやっていくのは大変なこともあって、離婚せずにすむならそのほうがよかったのかなあと思うことも正直ありますね。元夫との関係がうまくいってないという感覚はかなり前からあったので、もっと早く対処していたらもっと違ったのかもしれないなって。（同居親）

「得たものもあるけれど、それ以上に失った感覚が大きい」「得たものなんて何もない」など、自身の体験をどう受け止めるかは人それぞれですし、それらが時間とともに変化していくものであることを教えられます。

親にとっての支え

続いて、親の支えになったものについて考えます。

✤子どもを目の前にしたら、自分が落ち込んでいる場合じゃないですよね。とにかく頑張るしかない。それに、子どもが私のことを気遣ってくれてるなと感じることもあって、そういう姿に助けられるときも結構あります。（同居親）

✤子どもに会いたいっていう気持ちがあるから、ここまでやってこれているんだと思います。別れた相手とのやりとりなんかは傷つくことばっかりですし、子どもがいなかったら心が折れてますよ。（別居親）

同居親、別居親という立場の違いにかかわらず、多くの親にとって、子どもの存在はやはり大きな支えとなっています。

また、「仕事中は家の問題を忘れられた」「離婚のことばかり考えていたら心がもたなかった」という声もよく出ます。仕事や趣味など、没頭したり気分転換したりできるものがあることは、セルフケアの観点からも大切です。

✤子どもと暮らさなくなって住む場所も離れたのに、頻繁に連絡を取りあっているママ友もいて。人の縁、つながりはすごいなって……。（別居親）

✤同じ体験をしている人たちと出会えたことは大きいですね。お互いの苦労や悩みを話したり、情報交換をしたり。自分だけじゃないんだと思うと安心できるし、頑張ろうと思えます。（同居親）

多くの変化を経験するなかで、変わらずにいてくれる存在や気持ちを理解しあえる仲間の存在は、親にとって大きな支えでしょう。パートナーとしての自分、親としての自分を失ったと強く感じていればなおさら、一人の人として変わらず自分とかかわってくれる他者がいることの意味は大きいはずです。

一方で、「自分の両親が離婚は恥だと考えていて、気持ちを理解してくれない」など、本来頼れるはずの家族や友人に理解してもらえず傷つくという声もあります。親が安心して話せる場や関係があることの重要性を、あらためて感じます。

自分の体験に意味づけを試みる

表1は、これまで紹介してきたものも含めて、参加者からよく挙がる意見についてまとめたものです。こうしてみると、物理的なもの、人間関係に関するもの、心理的なものなど、さまざまな側面で失うものもあれば得るものもあり、親自身も多くの変化を経験していることにあらためて気づきます。

さて、このような三つの視点で体験を振り返ることには、どのような意味があるのでしょうか。失ったものに気づき、それを言葉にして他者と分かち合うことは、失ったものを悲しむという、グリーフワーク（1章2節参照）につながります。また、得たものについて考えることは、自身の体験を別の視点から捉えなおすという意義があるように感じます。たとえば、1章2節で述べた「あいまいな喪失」の回復のプロセスの一つに「意味を見つける」ことがあるとされています（Boss 2006/2015）が、得たものを考えることは、その一助にもなっているのかもしれません。さらに、支えになったものについても振り返ることで、頼れる存在があることに安心感を得たり、気持ちが少し軽くなったりすることもあるようで

表1　親自身が考える離婚：三つの視点

親自身が失ったもの	親自身が得たもの	親自身の支えになったもの
・子どもとの時間 ・経済的安定 ・元パートナーの親戚 ・友人 ・住んでいた家 ・健康（身体的、心理的） ・自信 ・人からの信用	・自由な時間 ・自由に使えるお金 ・ストレスからの解放感 ・落ち着いた子どもの姿 ・新しい人との出会い ・仕事 ・離婚についての知識 ・社会に対する問題意識 ・自分を省みる時間	・子ども、自分の親、きょうだい ・友人 ・同じ立場の知人 ・当事者同士のグループ ・仕事 ・趣味 ・弁護士、カウンセラーなど専門家

す。

このように自身の体験を整理することで、その意味をあらためて考えてみる、ということには意義がある一方で、失ったもの、得たもの、支えになったものと単純に分けられないことや一言では表現しきれない複雑な思いもあります。また、時間とともに変化するとはいえ、体験を振り返ること自体も難しく言葉にできない場合もあり、そうした親の思いを受け止めて尊重することも求められるでしょう。

2　子どもの体験に思いをめぐらせる

「子どもが失ったもの」を考えてみる

親自身が自分の離婚を振り返るワークの後に続くのは、「子どもは」親の離婚で何を失い、何を得たのか、そして何が支えとなったのかを考え、グループで思い浮かんだことをシェアするワークです。親自身の離婚の体験をていねいに扱ったうえで、親の離婚という出来事を子どもはどのように体験したのか、子どもの視点に立って親が思いをはせることをねらいにしています。このワークでは、親自身の体験と同様の表をホワイトボードに書き、参加者同士で視覚的に共有できるようにしています（表2参照）。

まず、子どもが失ったものとしてよく挙がる内容は、別居親との時間、別居親側の親戚との関係という、このワークの直前に行う親自身が失ったものとして語られた内容を子ども視点にしたものです。

✽子どもは私の旧姓の名前になったので、「以前の名前」を失ったと思う。名前が変わるって大きいことですよ

ね。自分も経験があるので、そう思います。（同居親）

✤離婚をして引っ越したので、それまでの環境すべて、ですね。生まれ育った家、通っていた学校やそこでの友だち。長くやっていた習い事も、引っ越して通えないので辞めるしかありませんでした。残念そうにしていたので、失った、と思っていると思います。（同居親）

また物理的に失ったものだけでなく、子どもの情緒面に関するものについても触れられていました。たとえば「経済的な安心感」はよく挙がり、離婚によって家庭の経済状況が変化したことを子どもも感じとっているだろうと語られます。

他にも、

✤自由に自分の希望を抱くこと、かな。子どもが何を言っても離婚したじゃないですか。その経験が、自分が意見を言っても無駄だったたっていう体験になっている気がして。それ以降、日常の些細なことでも自分の希望を前より言わなく

表2　親から見た、子どもにとっての親の離婚：三つの視点

子どもが失ったと思うもの	子どもが得たと思うもの	子どもの支えになったと思うもの
• 両親のそろった家庭 • 別居親（自分）との時間 • 別居親側の親戚 • 苗字 • 住んでいた環境、ふるさと、生まれ育った家 • 自信、信頼感、自己肯定感 • 経済的な安心感 • 子どもらしさ	• 平穏な時間 • 親の表情をうかがわなくてよくなった • 新しい場所での人間関係や環境 • より強い親子の絆 • 安全 • 得たものはない • わからない	• 親である自分 • きょうだい • 祖父母 • 友だち • 友だちの親 • ペット • 子どもの適応力 • 漫画やゲームなどの趣味 • 部活・習い事など家以外の時間

なったように感じます。（同居親）

✿子どもらしさを失ったと思いました。離婚してから、子どもが昔のようにしょうもないいたずらをしたり、家でふざけたりしていた姿がみられなくなったように感じます。妙に聞き分けがよいというか、考え方が大人っぽくなってしまったというか。子どもなのに悟っているというか。（同居親）

このように、親の離婚を経験して以降、子どもの精神面に変化があったという話もよく出ます。

「子どもが得たもの」を見いだしていく

次に、子どもは親の離婚で何を得たのか、にテーマをうつします。これは参加者にとっては難しい質問のようで、思いつかない様子で考え込んでしまい、場がシーンと静まりかえることもあります。しかしグループワークになると他の参加者の言葉を手がかりに、当初は「子どもは失ったもののほうが多い気がして、得たものはないと思います」と話していた人が、「そういえば……」と思いつく場面がよくありました。これも、グループ形式で行うプログラムのよさでしょう。

✿引っ越して、環境がガラリと変わったけれど、そこでまた得た子どもの対人関係です。前の住んでいた地域の友だちとも最近はつながれるので、前の場所と今の場所で友人を増やしたんだと思います。（同居親）

✿平穏な毎日を得たと思います。なるべく子どもの前ではけんかをしないようにはしていたけど、それでも両親の険悪な様子を感じ取ることはあったと思うし、実際に何度か夫婦げんかを目の前でしてしまったこともあるし。元配偶者の機嫌が悪くなって家がピリピリした空気になることもなくなったので、子どもが精神的に安定したように感じます。（同居親）

このように、参加者が「子どもが親の離婚で得たもの」として思いつくものは、新しい環境で子どもが築き上げた関係性や、離婚や別居によって両親の不仲に日常的にさらされなくなったことによる、子どもの精神的な影響について、です。さらに、もしあの時離婚せずに今も元パートナーと一緒にいたとしたら、という仮定の観点から、子どもの身を安全なまま過ごさせることができたという意味で「安全」が挙げられることもありました。

子どもの支えになったもの

親の離婚により、日常が変化するなかで、子どもの支えになっただろうものとして参加者から挙げられたものを紹介します。

✿私のママ友が支えになっていたと思います。子どもが私には話しにくいことを、いい距離感で聞いてくれて。そういう周囲の関係に助けられました。（同居親）

✿すごいなと思ったのは、離婚して引っ越して、新しい生活が始まったらまたそこで新しく人間関係を作って、友だちもすぐ作っていたんですよね。それができるような子ども自身の力に、子どもは支えられたんだと思います。（同居親）

このように、子どもの周囲の安心できる人間関係と、子ども自身の力などがよく語られます。また、ゲームや漫画など一見それればかりに時間を費やすのは心配になるという意見も出そうな娯楽も、実は親の離婚について考えなくてもすむ対処方法として支えになったのではと語られます。

✿「同居親」……、私が支えになっていたと希望も含めて（笑）。本当に離婚後のバタバタを子どもと二人で生き抜いた感じがあるので。（同居親）

✿私は別居親の立場ですけど、同居親が子どもの支えになってくれていたと思いますよ。（別居親）

このように、グループ内で立場の違う参加者同士がエンパワメントしあうような場面もありました。ファシリテーターからも、これまでの親グループで出た内容を紹介したり、子どもグループで実際にこのワークを行ったときの子どもの声を紹介したりしています。

子どもの体験に親が思いをはせる意味

このワークへのフィードバックとして、次のような声があります。

✤普段子どもと一緒にいると、生意気で「もう、なんなの⁉」なんて思うときもあるんですけど（笑）。このワークで子どもも大変な思いをしたんだよな、させたんだよなって思ったら、今日はやさしくできそうな気になりましたね（笑）。（同居親）

✤日々忙しく過ごして、自分もいっぱいいっぱいで、子どもへの要求が高くなってたみたいで。「ねぇ、私まだ子どもだからね？」ってこの間子どもに言われたことを思い出しました。（同居親）

これは親が考えるワークなので、本当に参加者の子どもが何かを得たかどうかはわからないという限界もあります。しかし、親が子どもの視点から子どもの体験に思いをはせることで、親の視点、子どもの視点のどちらからも考えることの意味に気づけるようになるのが大切なのだと思います。

親が子どもの立場から親の離婚を振り返るというワークを通し、「子どもの声、本音が知りたい」という親の切実な思いや、申し訳なさ、今の生活が少しでもいいものであってほしいという願いなど、さまざまな思いが現れているように感じます（子どもたちが実際どのように語るのかは4章参照）。

親が自身の体験と距離をとる

ファシリテーターとしては、親が子どもの気持ちに適切に対応するための土台になるという点から、このワークの意義深さを感じています。というのは、子どもの立場から自分たちの離婚について振り返ることで、親が自分の経験から距離をとり、異なる側面から出来事を眺めることができるからです。離婚のプロセスには時間の長短や多様性がありますが、どの親もそのプロセスのなかで離婚に必要な準備をしたり新しい生活環境への適応が求められたりと日々めまぐるしく過ごしています。そのような忙しい日々のなかでは、あらためて子どもの立場に立って子どもがそのとき体験していたであろうことに思いをはせる機会はあまりないのではないでしょうか。ワークを通し、「自分はこのようなことを体験したけれども、子どもにとってはこういう体験だったかもしれない」と違いがわかる場合もあれば、「自分も子どもも、同じような体験をしていた」と似た思いをしていた可能性に気づけることもあるかもしれません。

✽さっき、子どもは「子どもらしさ」を失った、と言いましたが、言い換えると年相応よりも落ち着いたものの考え方を得たんだと思いました。それがいいか悪いかは別として。（同居親）

このように一見、得る－失うという相反する軸でも、実はそれらのなかには表裏一体のものもあり、失ったと思ったものは得たものでもあるという関係性に気づいたという声もあります。このような親の語りは、子どもの体験を多角的に捉えるためのきっかけにもなるのではないかと思っています。

3　子どもの気持ちを想像する

不安や悲しみ、怒り

親の離婚を経験する子どもの気持ちはさまざまで、年齢的な要素の強いものもあれば、多くの子どもに共通するものもあるといわれています。一般的に、親が離婚してからのおおよそ二年くらいは、親も子も変化とストレスが大きく、特に子どもは、不安や悲しみ、落胆、怒りなどの感情を抱くことが多いといわれています（Constance 2004/2006、野口・櫻井 2009など）。また、小さな子どもの場合は特に、不安はいろいろなかたちをとり、本当に心配な場面とは違うところで表出されることもあります。

✿娘が小学校に行きたがらなくって、よくよくわけを聞いてみると、「学校から帰ると、お母さんがいなくなってるかもしれないって、本当は学校に行くのも不安なの」とようやく話してくれました。（同居親）

✿別れた夫と二人だけの面会交流を、小学生の息子が「行きたくない」と泣いて嫌がって。後で息子が、「お父さんといる間に、お母さんがどこかにいっちゃうかもって思って心配だった」と話してくれました。（同居親）

このような不安は、幼くて状況の理解が難しいために生じる場合もありますが、成長して頭では離婚のことがわかっていても、漠然とした不安として感じられることもあるようです。なかでも「もう一方の親もいなくなってしまうのではないか」という不安は、見捨てられ不安と表現されることがあり、特に幼児期から学齢期にみられやすいとの指摘もあります（棚瀬2010）。子どもから「学校に行きたくない」「（もう一方の親に）会いたくない」と訴えがあると、学校でなにかあったのかもしれない、面会交流をどうすればいいだろうか、と周りも不安に感じることがあります。

また親を困らせたくないと思って、気持ちを表現することを抑えようとしたり、自分を責めたり、どちらかの親に怒りの矛先をむけることもあります。

✤パパとママは別れて暮らすんだ、と小学校低学年の息子に離婚を伝えたら、「僕が悪いんだ、僕が悪いんでしょ、いい子にしてるから、だから離婚するのはやめて」と訴えられて……。（別居親）

✤別れた夫とまだ一緒に暮らしていたとき、子どもの前でけんかになって。まだ小学校低学年だった子どもが、「ママが怒るからけんかになるんだよ、ママが我慢すればいいんだよ」と言って私に怒りをぶつけてきたり、夫と子どもと三人でいると、三人で手をつながせようとして、間を取り持とうとしてきたり。（同居親）

このような発言からは、怒りや不安、悲しみなどの感情、そして親の離婚は自分のせいに違いないと思い込んで責任を感じてしまうなど、さまざまな感情が入り混じっている子どもの様子が見えてきます。不安や悲しみ、そして怒りをどのように表現するかということはＦＡＩＴでもテーマの一つです。しかし怒りがどのように表現されるか／受け止められるかというのは特に日米でも文化的な側面もかかわっているように思われます。それは単にその相手だけに向けられたものというよりは、さまざまな感情の入り混じりを背景として、怒りというかたちで一方の親に向けられることもあるようです。

板ばさみで引き裂かれるような思い

離婚は多くの場合、子どもにとっても葛藤を伴います。両親の間で引き裂かれるような気持ちになることを、家族心理学では「忠誠心の葛藤」といいます。忠誠心というと、立場が下の者が上に仕えるような関係が想像されるかもしれませんが、親を慕う気持ちや、家族や人と人をつなぐ見えない心の絆（野末2019）と理解すると、親子や夫婦といったさまざまな関係性の基盤に忠誠心があることが見えてきます。

このような忠誠心は、信頼や感謝というかたちで表れるものもあれば、離別や傷つきを体験するなかで強い葛藤関係として表されるものもあります。離婚の場合には、両親の葛藤関係に挟まれて、子どもがどちらにつくか苦しい選択を迫られることがあるといわれています（中釜2010）。たとえば一方の親と仲よくしたり大事に思ったりすると、もう一方の親を傷つけてしまう（裏切っている）のではと心配になる、どちらも大事に思っているけれど、どちらかを選べと言われているかのような板ばさみ状態におかれてしまうのです。また慕う気持ちゆえに、反発しないで親についていこうとする姿がみられることもあります。子どもにとっては、一緒に暮らす親も離れて暮らす親もどちらも自分の親であり、両方に忠誠心を抱くのは自然なことですが、離婚によって親の葛藤に巻き込まれてしまうと、父－母－子どもという三角関係のなかで、それぞれの親から引き裂かれるような思いを抱くことになります。子どもなりに間を取り持とうとすると、一時的には対立が収まるかもしれませんが、結局は対立がくり返されるため、子どもの無力感や自責の念につながることがあります（藤田2016）。

✿別れてから子どもとは会えていなくて、別れた妻は「子どもが会いたがらないから」と言って。でも子どもも本当は私に会いたいんじゃないかと思うんです。離婚の後、会えなくなって、学校にも行けない日があると聞いている。子どもは、「別れた自分のことはもういなくてもいいんだ、会えなくてもいい」と言っていたと向こうから聞いたが、子どもの本心なんだろうかとわからない。（別居親）

子どもにとっては、離婚前は両親の仲裁、離婚後は親同士のやりとりや面会交流など、さまざまな場面で引き裂かれる思いを体験することがあるといわれています。両親の葛藤が深まるなかで子どもがどちらにも近づけず、孤独感を募らせてしまうこともあります。

関係修復への幻想

子どもは、離婚による変化や不安のなかで、「自分があのときにうまくやれていれば、両親は別れなかったかもしれない」「もっといい子でいたら、元の関係に戻るだろう」と間違った思い込みや信念をもつこともあります。

✿夫と別れた後、子どもが両親の仲をもとに戻そうとして、「お父さんと暮らしたいな」と言ってみたり、父親との面会交流の後に「お父さんはこうだったよ」と私に話したり。かと思えば別の場面では、私に折り紙で花を作ってくれたりして、子どもなりに親の不仲に心を砕いているみたいで。そんな子どもの様子を見ていると、かわいそうで、もう（戻るのは）無理なんだよとは言えませんでしたね。（同居親）

子どもがこのような関係修復への期待を抱いて、どうにかすれば元に戻るのではないかと思っているときには、離婚という事実は事実として、今後一緒に暮らすことは難しいことを少しずつ伝えていくことの大切さがＦＡＩＴでも話題になることがあります。

✤小学校の運動会で、せっかくの機会だからと別れた父親も一緒に家族でお昼ご飯を食べたら、子どもが「前みたいに戻れるんじゃないか」と期待したようで。夫婦としては無理という事実を淡々と伝えましょう、と言っても、難しさはやはりあるし、余裕がなくどうしていいかわからない、という気持ちもあります。（同居親）

離婚の事実を子どもに淡々と伝える、というのは、両親の間に敵対感情があると、子どもはかえって、仲直りすれば関係が修復するのではと期待してしまうためです。とはいえ、子どもからくり返し言われてしまうと、頭でわかっていても言葉に詰まってしまう現実に、他の参加者も頷きながら耳を傾けます。またそれぞれに葛藤を抱きながらも、子どもの前ではそれを表さないようなんとか横に置いておこうと試みる両親の姿から、子どもが感じ取るものもあるのではないか、そんな意見も出たりします。

発達段階ごとの子どもの様子

これまでみてきたように、親の離婚に際して子どもがみせる反応などもさまざまですが、同時に、親の離婚の影響は、子どもがどの時期に体験するか、年齢や発達段階によっても異なると考えられています。たとえば、まだ言葉でのやりとりは難しいものの、赤ちゃんでも、日常生活の変化や両親の雰囲気を赤ちゃんなりに感じ取るといわれています。一方、少しずつ言葉でのやりとりができるようになる幼児でも、因果関係の理解は未熟なため、先ほどのように自分にひきつけて思い込みをしすぎたり、おなかが痛いといって登園を渋るなど、身体で心配を表現したりすることもあります。気持ちを表す語彙もまだ少ない時期なので、「なにに困っているの？」と声をかけながら、「〇〇だったよね」と気持ちを受け止めて言葉にすることで、少しずつ落ち着いてくるかもしれません。

また学童期になると、家庭での時間に加えて、学校で過ごす時間が子どもにとって大きな割合を占めるようになります。離婚にまつわる心配が、成績や人間関係といったかたちで学校のなかで表出されることも出てきます（6章2節参照）。そして子どもなりに、離婚の原因をつくったと思う親のほうへ怒りを向けることや、逆に親を心配させないように明るくふるまって親の世話を焼こうとする姿が見られることがあります。

このように、乳幼児期から思春期や青年期に至るそれぞれの段階で、子どもに戸惑いや心配、葛藤が生じますし、子どもなりに家族のなかでの役割を果たそうとする様子が見えてきます。特に子どもが幼い場合には、離婚に対する理解が十分ではないなかで、家族の変化に戸惑うことも多いので、安心や信頼を育んでいくことが一つのポイントとなってきます。大きくなるにつれ、心配や葛藤で家庭にエネルギーが集中しすぎてしまわないよう、学校など家の外での生活が保障されることが大切になってきます。

そして思春期から青年期にかけては、子ども自身のアイデンティティの確立や親からの心理的な自立という発達課題を通しながら離婚の経験に向き合うということが起きてきます。学齢期後半から思春期に親の離婚を経験した場合は、家族で過ごした時間も長いため、子どもはその影響を受けやすい傾向も示されています（野口 2012、Constance 2004/2006 など）。

親の離婚に長く付きあう

離婚は生活の土台から変化をもたらすもので、離婚後に新しい家族のかたちをつくっていくのには親にとっても子どもにとっても数年がかりの時間とサポートを要するするといわれています。米国の心理学者ジュディス・S・ウォラースタインらは、親の離婚を経験した子どもを継続的に追うなかで、離婚当初に表れた子どもの反応の強さが、その後の長期的な子どもの状態を予測する要因にはならないこと、そして親の離婚を理解するためには子どももバランスのとれた見方ができるようになる必要があり、その多くは思春期以降の時期であると述べています（Wallerstein & Blakeslee 1989/1997, Wallerstein et al. 2000/2001）。また子どもたちは、親の離婚にまつわる自分の物語を、発達段階に応じて書き換えることで離婚を受け止め乗り越えてきたことを示している研究もあります（堀田 2009）。

このように子どもの成長の過程では、離婚に対する体験や思いがさまざまに変化し、人生の折々、たとえば進学や就職、結婚といった節目、また子育てや親の老いの時期などに、新たな思いや不安、悩みを抱えることもあります。特に青年期以降は、心理的そして物理的にも親から離れていくことが課題となるなかで、「この先一人残された親はどうするのだろう」「親が老いたらどうすればいいのだろう」という声が子どもから聴かれる時期でもあります。

一方でくり返しみてきたように、離婚は親にとっても大変な変化とストレスを強いるものであり、その渦中で子どもの対応に気を砕きながらも十分に対応できない、ということも少なくありません。多様な背景の参加者とファシリテーターとの交流を通して、子どものことや子どもにとっての体験という視点から考えることで、子どもなりの見えない気遣いや配慮に気づくきっかけになったり、一筋縄ではいかない体験や複雑な思いが当然のものとして受け止められたりすることには意味があるのではと感じています。

どこまでが離婚の影響なのか

このように、子どもの成長や発達は親の離婚の影響を受けますが、それは年齢が上がった子どもたちにも同様です。しかしながら、子どもの成長や発達には、親の離婚の他にも影響を及ぼしうることは数多くあります。離婚後の生活のなかで、どこまでが離婚の影響で、どこからがそうでないのかは親からみても判断が難しく、悩みとして語られることもよくあります。

思春期や青年期にある子どもたちの話を聴いていくと、一見離婚とは異なる内容であってもその先には、親の離婚とそれによる心もとなさ（たとえば「自分も将来離婚するかもしれない」「一緒に暮らす親には別れた親のことを聞くのに遠慮がある」「別れた親とつながりがなく自分の半分がわからない」など）が見え隠れすることがあります。成長にしたがってあらためて親の離婚という現実に向き合い、自分のルーツを知りたいと思うことや、会えていない場合は、どんな人だったのだろうかと思うことは自然なことです。

一方で、青年期はアイデンティティを模索し成熟に向かいつつある段階なので、このような悩みは離婚にかかわらず起こりうることとも考えられます。心理的に親から離れ自立を模索する過程で、子どもにとっては、抱えている困難が親の離婚の経験と関係していると意味づけられることもあるかもしれませんし、青年期にようやく、親の離婚について語れるようになるという側面もあるのかもしれません。

そしてこれは親にとっても同じで、多くの親は離婚の渦中でも子どもの体験について案じ、心を砕きながら、子どもに何が起こっているか、どこまでが離婚の影響なのだろうかと悩むことも多いようです（6章2節参照）。これらの悩みには、子育てのなかで多くの親が経験するものもあるため、どこまでが親の離婚による影響なのだろうか、という思いは、子どもにとっても親にとってもくり返される、正解のない問いのように思われます。

コラム１　子どもに寄りそう面会交流

面会交流の現状

面会交流とは、別居中または離婚後、非監護親（非親権者）と未成年者が、一緒に遊んだり話をしたりして交流することです。別居または離婚により、非監護親（別居親）と子どもが離れて暮らすことになっても、親子が定期的な面会交流を続けることが、子どもの心身の発達にとって好ましいという精神医学および心理学の科学的研究に基づいています（Amato 2010、家庭問題情報センター 2005など）。

面会交流の実施は、母子世帯は約三割、父子世帯は五割前後で、頻度で最も多いのは、母子世帯が月一回以上二回未満、父子世帯では月二回以上となっています（厚生労働省2020）。現在、行っていない大きな理由は、母子世帯で「相手が面会交流を求めてこない」、父子世帯は「子どもが会いたがらない」で、母子家庭と父子家庭、あるいはそれぞれの個別の事情によって異なることもわかります。

他方、日本は欧米諸国を比較すると、単独親権制度を採用していることに加え、社会的背景では、父親の育児への関与が低く（国立社会保障・人口問題研究所2019）、離婚後に両親が協力して子育てをする共同養育が普及していません。また、離婚後の単独親権と協議離婚の組み合わせのために、多くの離婚において子の利益の具体的な検討をする機会が少なく、必ずしも子どもに寄りそった面会交流になっていません。

両親が子どものために協力をして自分たちで実施することができれば、子どもにとって最も好ましいのですが、裁判所で面会交流について争うほどの敵対関係になった場合、面会交流の調停条項や審判が出ても、両親だけで行うことは難しく、面会交流支援団体（法務省のサイト参照。https://www.moj.go.jp/MINJI/minji07_00284.html）などを利用することになります。

面会交流は、三つの領域に分類することができます。（小田切・町田2020）。

①面会交流が自由に行える領域：子どもはストレスなく別居親と会うことができます。両親間の葛藤や紛争が少ない場合で、理想的な面会交流です。

②面会交流は第三者の支援の下で行う領域：両親間の葛藤が高く自分たちだけでは面会交流ができない、あるいは子どもの拒否が強い場合、第三者（面会交流支援団体など）を利用して行う場合です。

③面会交流を控えるべき領域：面会交流が子どもの福祉を損なう可能性が高い場合は、当面直接交流は控えて、間接交流（手紙・ＳＮＳや写真のやりとりなど）を行う場合です。

面会交流支援者は、家族がどの領域に該当するかを慎重に判断し、両親と子どもへの働きかけにより③→②→①に変えていくことが重要です。③から②に変えていく際は、間接交流から直接交流への円滑な移行を支援することが大切です。多くの面会交流支援団体では、支援期間を原則一年間と規定しているので、支援終了後に、②から①へと移行できるように支援団体の助言を受けながら、子どもの利益に資する実施に向けた準備が求められます。

面会交流の実際

私は弁護士とともに、父・母・子への個別の事前面談、また両親の葛藤が高かったり子どもの面会交流への不安が強かったりという難しいケースの見守り（付き添い）の面会交流支援を行っています。その経験から、面会交流における同居親、別居親、子どもへのかかわり方について説明します。

親への事前面談では、別居・離婚の事情、面会交流支援を受けるまでの経緯、現在の親の生活状況、子どもの現在の生活状況、面会交流についてどのように話しているか、子どもの性格、好きな遊び、子どもの思い出のエピソードなど支援に役立つ情報を聴きます。また、両親の対立が子どもの福祉を害し子どもの心を傷つけること、両親の協力が子どもの利益に適うこと、元パートナーの問題と親子の問題を切り離して考えることの重要性を伝えます。また、子どもの発言をめぐって、両親が対立することがあるので、子どもの発言は、相手が同居親か別居親かによって異なることがあること、場面・状況、時間とともに変わることについて伝えることが大切です。

実施に向けた取り決めでは、自らの主張を譲らず、相手に妥協することは相手に屈し負けることのように感じて双方が一歩も譲らないために話し合いが進まないことがあります。相手の主張を受け入れて妥協するのは難しいことですが、子どものために譲歩する視点をもつように助言することも大切です。また、相手の言動を非難し態度を改めるように主張する親に対しては、他者の言動を変えることは難しく、自分の言動しか変容できないことを伝えます。相手に向けているエネルギーを自分と子どもに向け、親子関係の質を向上させるよう促すことも時に役立ちます。

支援者は、両親の対立に巻き込まれたり、どちらかの味方についたり言いなりになったりすることを避け、公平な対応が求められます。これはとても難しいですが、両親の対立や紛争が子どもに与える影響を考える視点をもつように働きかけ、対立の構図から子どもの視点で考える機会を持ってもらうことが、支援ではとりわけ重要です。

以上に加えて、同居親に対しては、子どもに別居親のことや面会交流についてどのように説明しているか、それに対して子どもはそれをどのように受け止めているかについて尋ねます。また、ひとり親としての子育ての不安や別居親に対する不安や怒りなどの感情を緩和する働きかけをし、子どもが別居親に会うことの大切さを理解してもらいます。これにより、親の負担による面会交流のキャンセルや中断を防ぐことができます。

一方、別居親には、面会交流について子どもがどのように感じていると思うか、同居親から面会交流についてどのように聞いているかなどを聴きます。また、子どもとの交流が途絶える不安や面会交流の支援を受けることの不本意さ、屈辱、怒りを傾聴しながら、親としての強み、良さ、面会交流の目標を尋ねます。

子どもへの事前面談では、年齢や発達段階、子どもの特徴を踏まえて接することが大切です。両親の離婚に伴うあらゆる感情を自然なこととして受け止めながら、別居親と会うことへの不安や心配が強いときや会うのを嫌がるときはその背景要因を考え、無理強いはしません。別居親と会うことに安心感を持つために必要なことを探ったり、子どもに負担の少ない交流方法（SNSや短い手紙など）を提案したりすることもあります。支援開始後に別居親との交流を嫌がる言動が認められた場合は、必要に応じて親や子どもの面談を設定し、拒否する背景を探り、気持ちに寄りそった面会交流ができるようにします。それでも、子どもの拒否が強く安心して面会交流ができないときは、両親に事情を説明して交流を中断することもあります。

子どもの利益に資する面会交流支援の実現に向けて

日本では、裁判所が決定する面会交流の頻度は、子どもの年齢に関係なく一か月一回数時間程度と一律に決定されることが大半です。しかし、諸外国では心理学の研究成果に基づいて、年齢に応じた頻度と時間が決められています。例えば、米国アリゾナ州では、週あたり、〇～二歳：平日二日三～四時間＋週末半日、三～五歳：平日二日三～四時間＋週末一泊、六歳以降：平日一日三～四時間＋隔週三泊、となっています（Arizona Supreme Court 2009）。長期休暇や祝日は特別スケジュールとして追加されます。日本においても、養育費が算定表で決められるように、面会交流の頻度や子どもの年齢等に応じた検討が必要だと思います。

また、日本は、欧米のように家庭裁判所が民間の面会交流支援団体と密接に連携し、裁判所からの命令に基づいて支援団体が支援する法制度が整っていません。しかし、二〇二一年に法務省が面会交流支援団体の活動の参考指針を公表、二〇二二年には面会交流支援全国協会（https://accsjapan.com/）が支援団体の適性を示す基準を作成し、それを満たす団体を認証する制度を開始しました。他方で、支援団体がない地域は多数あります（小田切 2021）。そのため裁判所で調停合意や審判により、面会交流が子の最善の利益に資すると判断されても、裁判所によるサポートがなく、すべてが当事者の親に一任されるため、適切な支援団体の支援を受けられない場合は実現が難しく、別居親と子どもの関係が断絶されることがあります。

面会交流は両親が子どもの利益を最優先して自分たちでルールを定め、第三者の支援を得ずに実施できることが子どもにとって最も好ましいことです。そのためには、DVおよび児童虐待が認められるケースを除き、公的機関において、離婚時に、FAITのような離婚後の親プログラム（親ガイダンス）の受講を義務づけ、離婚が子どもに与える影響や離婚後も両親が協力して子どもの養育にかかわることの重要性などを伝え、親同士の不毛な葛藤を低減させ、両親の意識を子どもの最善の利益に向かわせる必要があります。また、インターネット環境が整っていれば匿名で好きな時間に好きな場所で受講できるオンラインによる親プログラム（「リコンゴの子育てひろば」https://www.rikongonokosodate.com など）もあります（小田切2017）。

夫婦関係が解消されても親が協力関係を築くことによって、子どもは安心感をもつことができます。両親が子どもの視点に立脚し、子どもの利益を最優先して責任を果たせるように、離婚の早い段階での親と子どもへの支援が重要であり、それを可能にする制度の整備が社会に求められています。

〔小田切紀子〕

4章　子どもの声を聴く

本章では、主に児童期の子どもたちの声とそこからみえること（1節）、思春期・青年期だからこそ感じること（2節）、さらに、親の離婚から少し時間を経た子どもたちがその経験を振り返って言葉にすることの意味、ほかの子どもへのアドバイス（3節）などを紹介し、子どもにとっての親の離婚をさまざまな角度から考えます。

1　子どもにはどんな体験だったか

プログラムのはじまり

離婚時の親教育プログラムは、海外を中心にさまざまなものがありますが、そのなかで、ＦＡＩＴの特徴の一つは、子ども向けグループがあることでしょう。ここでは、一〇歳くらいまでの子どもを対象とした子どもグループの様子を紹介します。

グループでは、初めて参加する子どもたちのために、開始前に、名札づくりやゲームの時間を設けて、緊張を和らげ、楽しい雰囲気を作ることを心がけています。子どもたちが自然と溶け込んでいけるように、部屋を案内し、また子どもが好きそうな動物のシールやカラーペンなどを使って名札づくりをします。全員が集まったら、各自が作った名札を使ってお互いの自己紹介をしてグループを開始します。プログラムのなかでも絵本やぬいぐるみなどのおもちゃ、お絵かきセットなども取り入れるようにしています。

自己紹介の後、「今日はどんなふうに聞いてきたのかな」と尋ねたりします。「パパとママが別れちゃったこと、話してきていいよっていわれた」と答える子どももいれば、親から「楽しいから参加してみたら」「自分の気持ちを聞いてもらったら」と言われて参加した子どももいました。一人ひとりの様子を見ながら、子どもたちには「みんなには一つ共通点があって、それはお父さんとお母さんが一緒に暮らしていないこと。今日は、そういうお友だちが集まって一緒に遊んだり、お話ししたりします」と伝え、グループに導入していきます。「話したいときは誰でも話していいこと」「話している人がいるときは耳を傾けてほしいこと」「無理に話す必要はないこと」「困ったときや質問があるときにはいつでも聞いてほしいこと」など、子どもグループでも大切になるルールを共有します。

りこんって何？

そしていよいよプログラムに入っていきますが、離婚について扱う前に、子どもたちに家族のかたちにはいろいろなかたちがあることを海外の絵本などを使いながら紹介していきます。2章で述べたように、ここは米国のプログラムに加えた内容です。たとえば、祖父母と一緒に暮らす子ども、養子となって新しい家族と暮らす子ども、施設など大勢の子どもたちと一緒に暮らす子ども、また子どものいないカップルだけの家族など、家族のかたちが多様であること、そしてそのなかで暮らす子どもたちの生活もさまざまであることを紹介します。「みんなの家族のかたちはどんなかな」と尋ねたりしながら、親が別れてどちらかの親と暮らす子どもたちがいること、そしてそれは決して自分だけではなく、他にも同じような経験をもつ子どもたちがいることを伝えます。

さらに、「りこんって何だろう?」「どんなふうにみんなは聞いているの?」と投げかけると、「親が別れること」「お父さんとお母さんが別々に暮らす」「名前が変わる」「引っ越しした」「転校した」など、さまざまです。最初は、静かにしていた子どもたちも、徐々に自分の経験を話してくれることもあります。

一方で「特に変化はないよ。学校には普通に行っているし、親には従うしかない」という子どももいました。自分ではどうしようもないやるせなさなど、さまざまな気持ちが潜んでいることが伝わってきます。このように、子どもなりに必死に今の状況に対応しようと頑張っている様子や、一人ひとりの子どもたちの経験に耳を傾けつつ、離婚について子どもたちの理解を大切にしながら進めていきます。

子どもなりに知る事実

そして「どうやって知ったの?」「誰かに説明してもらったの?」と子どもたちに尋ねてみると次のような声がありました。

✽お母さんが、「もうお父さんとは一緒に暮らせない」と話して、これから新しい生活を始めると言われた。(小学校低学年)

✽お母さんが離婚についての絵本を読んで話してくれた。(小学校中学年)

❀急に荷物を持っておばあちゃんの家に引っ越しした。おばあちゃんの家に行ったからもう戻れないと思った。（小学校低学年）

❀三歳だったからよく覚えていない。（小学校中学年）

このように、絵本などを使って離婚について話し合う機会を持ったり、親からこれからの生活について説明を受けたりしている子どもがいる一方で、急な出来事にきちんと説明を受けていなかったり、幼くてよく覚えていなかったり、離婚についてテレビを見て「うちもこうだな」と理解した子どももいました。

二〇二一年に法務省によって行われた調査によると、別居を開始する前に、父母が不仲であることについての説明があったかについて、「父母の双方から一緒に説明があった」は一五パーセント、「別々に説明があった」は一三・二パーセント、「どちらかの親から説明があった」は二四・七パーセント、「なかった／覚えていない」は四七・一パーセントという結果が報告されています（法務省2021b）。このように半数近くの子どもが、離婚について親から十分な説明を受けていないという実態があり、FAITからみえる実践とも重なります。年齢による説明の難しさもありますが、子どもたちの知りたい気持ちとは裏腹に、なかなか離婚について親子で話し合うことが難しいこともあるようです。

さらに離婚の理由について尋ねると、「いつも親はけんかしていたから、いつか離婚すると思った」「浮気したから」「お金の問題もあったと思う」など、子どもたちなりにそれぞれ離婚について理解しているようです。ただし、離婚の理由や経緯について発言をしてくれるのは、離婚後しばらく経って生活が落ち着いてきた子どもたちが多いようです。

離婚後間もない子どもは、まだまだ目まぐるしく変化する環境に戸惑っていて、こうした疑問に答えるのも難しそうで、ただ聞いているという姿も見られます。グループでは、話したくなるタイミングを見ながら、見守る姿勢を大切にしています。子どもたちは、離婚について大人が思っている以上に理解しているようにも見えますが、その理由や今後の生活については直接説明されていないなかで、これまでのやりとりや親の様子などから子どもなりに推測して漠然と理解していることもあるようです。

りこんにまつわる気持ち

続いては、子どもたちが離婚で経験した（する）かもしれない気持ちについて考える時間です。まず、離婚に限らず、日常で経験する子どもたちの気持ちについて取り上げていきます。そして、日ごろの生活においてもさまざまな気持ちがあること、それはどれも大切なものであること、また他の人にも同じように気持ちがあることを話し合います。その後、離婚に対する自分の気持ちを言語化しやすいように、動物が出てくる絵本やぬいぐるみを使いながら、離婚に伴う戸惑いや不安、怒りや悲しみなどの気持ちについて取り上げます。「その動物はどんな気持ちだった?」などと動物になぞらえることで、子どもたちが自分の気持ちを表現しやすくなることもあるようです。子どもたちが語ってくれた気持ちを紹介します。

✿パパの話をするのはドキドキするな〜。僕はね、パパにすごく腹が立っている。ママはパパと電話しているときに泣いていた。許せない！　ママがかわいそうだった。（小学校低学年）

✿イライラした。なんでかよくわからないけど、いつもイライラついてた。（小学校高学年）

グループのなかで語られた子どもたちの気持ちは、実にさまざまです。また年齢が幼いからこそ、子どもたちは身近な親からの影響を強く受けていて、親を心配したり親の顔色をうかがったりする様子がみられます。特に両親の葛藤が高い場合、父親と母親との間で板ばさみになり、子どもたちはどちらの親にも気を遣い、喜ばせようとする姿が垣間見えます。

表現しにくい気持ち

✿離婚するの嫌だった。とにかく嫌な気持ち。（小学校低学年）

✿悲しかった。離婚してほしくなかった。お父さんに会えなくなるのが嫌だった。次、お父さんにいつ会えるかわからない。「また会いたい」と言いたいけれど、言っていいのかわからない。なかなかお母さんには聞けない。（小学校中学年）

✤お父さんと一緒に遊んでいる人を見るとうらやましいと思った。（小学校中学年）

また離婚直後の子どもたちは先の見えない状況に不安を抱えながら過ごしています。子どもたちのおかれている状況が、子どもたちに混乱や悲しみ、怒りを引き起こすこともあります。グループでは、子どもたちがうまく言葉では表現できない思いをくみ取ることが重要と考えています。怒りは比較的見えやすい感情ですが、不安や心細さ、恥ずかしさや嫉妬など、子どもたちが抱えている思いにていねいに目を向けながら、子どもたちの思いを共有していくことが大切だと感じます。

子どもたちからは、「離婚してよかった」「やっと別れた」と離婚に対して肯定的に捉えている声が聴かれることもあります。また、「離婚しても大丈夫」「親がつらそうだから」など、親を気遣いつつ子どもなりに受け入れようとしている姿も見られます。それまで両親のけんかや家族が傷つく様子を見てきた子どもたちにとっては、離婚は時として安心や安定を取り戻すためのプロセスという面もあるようです。

子どもグループで語られる子どもたちの気持ちや考えは、子ども同士で共有できるものもありますが、それぞれに違う気持ちや捉え方もみられます。また離婚の経緯や状況も異なることを背景に、さまざまな捉え方があること、いろいろな気持ちを抱くことが自然である、というメッセージも大切にしています。同じであることに注目するのではなく、それぞれの違いにもきちんと目を向けていくことが求められると感じています。

対処法をともに考える

プログラムの後半では、子どもたちが抱えやすい問題と、その対処法を一緒に考えていきます。具体的には、子どもがなんとかできる問題とどうにもならない問題とがあることを共有し、それを見極めることを助けます。思い通りにいかないつらさやどうしようもない気持ちなどを受け止めながら、今できていることや、よりよくするために子ども自身ができそうなことを一緒に考えます。

たとえば、両親が一緒に暮らすことはないけれど、これまでのように、一緒にお菓子を作ったりゲームで遊んだり、それぞれの親と過ごす時間のなかで、できることを考えます。また親同士が電話しているとき（けんかになりやすいとき）には、子どもはなるべく別の部屋で漫画を読んだり、音楽を聴いたりして、話し声を聞かないようにすることができるかもしれません。あるいは、遠くに暮らしている別居親とはなかなか会えないけれど、テレビ電話などを利用して話すことができたり、会えない別居親の代わりに、身近な親戚が一緒に遊んでくれたりするかもしれません。

助けを借りることの大切さ

さらに、周りの人に助けを借りることも大切であることを伝え、画用紙に、子どもを中心とした「思いやりの輪」を描き、そのなかに、自分を大切に思ってくれている人、力になってくれそうな人の名前を書いていきます。小さい子どもの場合、その人のイメージに合うシールを貼って、自分の周りの大切な人の存在をあらためて視覚化していくこともあります。こうしたやりとりのなかでは家族だけでなく、子どもたちが過ごす時間の多い学校での様子が語られることもあります。

「勉強に集中できなくなった」「友だちと遊びたくないときもある」「新しい学校にはまだなじめない」など、子どもたちもそれぞれ家庭だけでなく、学校でも離婚による影響を受けていると感じます。そのなかでも、話を聴いてくれる先生、保健室に行くと休ませてくれる養護の先生、また、おじいちゃん、おばあちゃんなど、自分のことを身近でわかってくれる大人の存在は子どもにとっても大きいようです。

親に伝えたいメッセージ

✤ピアノを弾いているときが一番楽しい、ピアノ教室だけはやめたくない。（小学校低学年）

✤ゲームばっかりしていると怒られるけど、ゲームしているときが一番楽しい。（小学校中学年）

つらい時期だからこそ、日常の楽しみや遊び、打ち込める時間が大切である一方で、親や大人に遠慮してこうした思いを伝えられない、あるいは聞いてもらえないとあきらめている子も少なくありません。だからこそ、子どもグループでは「親に伝えたいメッセージ」を大事なパートとして位置づけています。先ほどの子どものように、「習い事を続けたい」「ゲーム時間を増やしてほしい」「寂しいからペットを飼いたい」「本当は学校を変えたくなかった」など、いろいろな意見が出てきます。なかには、「親の問題に子どもを巻き込まないで」「嘘をつかないで」「タバコやお酒をやめてほしい」「ちゃんと働いてほしい」など親への率直な気持ちが言葉として出てくることもあります。親にとっては耳の痛い言葉かもしれませんが、子ども自身が自分の思いに気づき言葉にできること、それを親や大人に伝えられることが重要です。親や大人を気遣うということは、子どもらしさを失うことにもつながりかねません。子どもが自分らしさを大切にするためにも、気持ちを言葉にしていくサポートは大事なプロセスといえます。

子どもグループから見えてきたこと

子どもグループの実践で、子どもたちが自分の思いを言葉にしたり伝えたりすることは、やはり簡単ではないことがあらためてわかってきました。そこで、子どもと親が離婚について話し合うときに使えるよう、ＦＡＩＴではリーフレットを作成しました（ダウンロードはＦＡＩＴのＨＰから。http://fait-japan.com/）。そのなかに、「親の離婚はあなたのせいではないよ」「自分の気持ちを大切にして、親の離婚について話してもいいんだよ」など、子どもにも伝えたいメッセージを含めています。可能であれば、そうした親子でのやりとりを事前に行うことで、子どもたちもグループの目的を理解してから参加できると考えました。無理に連れてこられるのではなく、子ども自身の思いを尊重することが大切だと考えています。

子どもグループについて、親がしっかり子どもに対応できていれば必要ないのではないか、という考えもあります。ですが、親だからこそ伝えられなかったり、相談できなかったりする気持ちを抱えている子どもたちもいます。学校の先生や身近な大人など、どこかで自分の体験や困りごとを話せて相談できる場があれば、子どもにとってはそこが同じような役割を担ってくれることもあります。離婚後の子どもたちのレジリエンスを助けてくれるものとして、身近にわかってくれる人がいることも挙げられています（藤田 2016, 2017）。

子ども同士で気軽に話せる友だちの存在も大切です。実際に小学校高学年の子どもが、親の離婚を経験している仲間を集めて、そこでみんなで親への不満を言いあって、気持ちがすっきりしたという体験を教えてくれました。親の離婚を経験したのは自分だけではないと知ること、そういう仲間の存在や子ども同士のやりとりには大きな意義があります。経験を共有できる仲間がいること、話せる相手がいることが、子どもたちの成長を支える大きな力になるのです。

現在の子どもプログラムは、一回二時間の設定で実施しています。子どもたちにとって、まずは来てよかったという楽しい時間になること、また安心できる関係のなかで少しずつでも話してもいいんだと思える体験をしてもらうことを大切にしています。子どもの年齢や状況などによっては、今後はもっと時間をかけて継続的に取り組むことで、子ども同士が互いに知り合いながら、子どもが自分らしくいられる場になるように工夫したいと考えています。

2　思春期・青年期にある子どもの声から

子ども時代を振り返る

多くの子どもたちにとって、小学生以降の出来事は、「自分の記憶」として残りやすいようです。ここでも、自分で覚えていることとして親の離婚を語ってくれた子どもたちのエピソードを紹介します。

なお、ＦＡＩＴの思春期グループは、一七歳までとなっており（2章1節参照）、日本でもそのような実践でスタートしました。その後、国内では大学生を中心に青年期を対象としたグループ実践と研究も行っています。本節と続く3節では、思春期以降の子どもの声として、大学生や社会人の子どもたちの声も盛り込んでいます。

✤家族が集まって、パパとママは離婚するからって言われた。経済的な理由で父に引き取られる予定だったけど、泣いて駄々をこねたら母が引きとってくれることになった。今思い返してみると、自分たちの言い分を聞いてもらえたのはよかった。（大学生）

✤それまでも何回か別居して戻ってをくり返していて、今回も同じかなと思ったら離婚になった。自分のことでもけんかしていたから、離婚はずっと自分のせいだと思っていた。今いろいろなことを学んで、当時の状況もわかるようになって、自分だけが理由じゃなかったって頭では理解できるけど、感情的なところではやっぱり自分のせいなんじゃないか、もっとちゃんとしていたら離婚しなかったんじゃないかっていうのが消えない。（大学生）

前者のエピソードのように、離婚についてきちんと親から説明があり、子どもの気持ちが受け止められた場合もあれば、「そもそも自分に選択肢はなかった、思い浮かばなかった」という人も多くいます。両親の別居や離婚をどのように受け止めたのかも人それぞれです。後者のエピソードのように、両親の不仲や別居・離婚に至るまでの経過を知っている場合でも、「だから離婚と聞いても驚かなかった」という人もいれば、「やっぱり離婚してほしくなかった」という人もいます。

また3章3節で述べたように、小学校低学年頃までの子どもは、「親の離婚は自分のせいだ」と思い、胸を痛めていることも少なくありません。子どもがこのような思いを抱えてけなげに頑張っているまさにそのときに、「離婚はあなたのせいじゃない」ときちんと、できればくり返し伝えていくことがいかに大切か、あらためて気づかされます。

思春期以降に親の離婚を経験する場合

では、思春期以降に親の離婚を経験する子どもはどのような経験をしているのでしょうか。

✤両親の仲が悪いのはずっとわかっていて、もう無理じゃないかなと思っていた。自分から離婚したらって親に言った。（大学生）

親の不仲や家族関係の悪さを長年経験してきて、なぜ離婚しないのかと不思議に思っていたという人、子どもの側から離婚を後押しするような声かけをしたという人も多くいました。一方で、「うまくいっているとは思っていなかったけど、離婚するほどとも思っていなくて、びっくりした。ショックだった」という人もいます。大人たちの本音と建前の違いや社会の矛盾がよく見えてくる時期だからこそ、（表現するかどうかは別にして）親への批判的な見方も強くなりやすいようです。

✤子どもたちのために（離婚しない）って言ってたけど、自分たちのせいにしないでほしかった。一度「離婚したほうがいい？」って聞かれて、「離婚しないで」って言っちゃって、そのせいでずっと仲悪いのが続くことになって、なんであのとき、ああ言っちゃったんだろうってずっと後悔してた。（社会人）

確かに、離婚する・しないの責任や判断を自分に委ねられたように感じた場合、自分自身を責めたり、親に対しての怒りやいらだちが強くなったりすることもあるようです。

離婚の理由や状況がどのように説明されているか、子どもたちがそれをどのように理解し受け止めているのかもさまざまです。

✿別居親が自分の教育に対して厳しすぎて、それで離婚になった。自分がされていたことだから離婚の理由もわかっていたし。自分が原因ではあるけど、自分が悪かったとか罪悪感とかはない。（高校生）

この年齢になると親からの説明がなくても、それまでの経緯で離婚理由を察知していたという場合も少なくありません。それまでのやりとりやけんかの様子から、お金の問題や異性問題が原因だなどと理解している人たちもいました。

離婚状況や手続きについて、どこまで説明されていたかも人それぞれです。「当時は知らされていなくて、しばらく経ってから実は離婚していたと言われた。もっと早く言えよと思った」「別居が中学生のときで、離婚が成立したのは正確にはいつだったんだろう？　別に知りたいとも思わなかったから、詳しく教えてくれなくてよかった」など、きちんと教えてほしかった人もいれば、聞きたくなかった人もいます。

それまでの経緯や親との関係によっても、離婚についての説明（がない場合もありますが）をどう受け取るか、それに対してどう思うかは違ってくるようです。言いたいことを口にする場合もあれば、言いたいけれども言わない、言えないという場合もあります。いずれにせよ、周りの大人が子どもの意見を聴いてくれた・聴こうとしてくれた経験がある人は、それがよかったこととして残っていることが多いようです。

思春期ゆえの悩みやすさと語りにくさ

親の離婚・別居自体は思春期以前であっても、思春期になってから家族関係の悩みがさらに深刻になっていくということもあります。

❀一番知りたいのは、何で離婚したのかっていうこと。それがわからないから、自分は愛されてなかったのかなとか、なんでこんな寂しい思いしなきゃいけないんだろうとか、ずっと思ってしまう。でもそんなこと聞ける雰囲気じゃないし。（大学生）

このように、乳幼児期に親が離婚していて、その理由や経緯を知らない（覚えていない）場合には、「両親がなぜ離婚したのかがずっと気になっている（けれど聞けない）」という話もよく出ます。彼らの声に耳を傾けていると、「両親の離婚理由を知りたい」という言葉の背景には、「どうして自分が生まれたんだろう？」という自分自身の存在への問いが少なからず含まれていることに気づかされます。

親の離婚を経験している・いないにかかわらず、一般的に思春期前後の子どもたちは自分の存在意義について深く考える時期といわれますが、親の離婚やそれにまつわる家族の悩みをもつ子どもたちのなかには、その悩みが深まり、自分の存在価値が根本から揺らぐような体験（自分はなぜこの世にいるのだろう・自分は愛される価値のある人間なのか、などと思い悩む）をしている人もいます。

❀宿題で昔の写真を探していたらお父さんの写真が出てきて、あ、お父さんだっていうのはわかるけど、声とか自分がどう呼ばれていたかとか全然思い出せないことにすごくびっくりして。そこからしばらく揺れていたと思います。自分はあんまり知らない人が、自分の人生に深くかかわっているっていうことが怖く感じて。中学から高校くらいまでその悩みを抱えてて、何か他の悩み、人間関係とか勉強関係の悩みが出てきたときに一緒にそれも思い出しちゃって、またモヤモヤが募る、みたいな……。（大学生）

一方、思春期グループでは、考えていることはいろいろありそうだけれども、語る言葉は控えめ、という人も少なくありません。その場では多くを語らなかったとしても、離婚について話せる場、他の人の体験を聞ける場があることを知っておいてもらうことには意味があると考えています。信頼できる第三者に状況を話せるようになったことで、自分の気持ちが整理でき、親の離婚や家族の状況を客観的に捉えなおせることが指摘されています（藤田2016、小川2018, 2021など）。思春期グループを始めた最初の頃は、離婚や別居の状況についてどのように聴いたらいいか、不用意な聴き方をすることで子どもたちを傷つけてしまわないか、聴く側の私たちも恐る恐るでした。ですが、実践や研究を行うなかで、「こんなに離婚のことを話せる時間と場所は他になかなかない」といった感想も出るようになりました。子どもたちのさまざまな気持ちに配慮しつつも、遠慮しすぎず、できるだけ中立にフランクに聴くことが、参加者にとって安心して話せる場、聴いてもらえる時間と感じてもらえたのではないかと考えています。

親や家族に言いたかったこと

✤親はずっと忙しくて。仕事柄、休みでも呼び出しがあったらすぐに行っちゃったりして。もっと一緒にいる時間がほしかったたっていうのはあります。今でも私が話しててもあんまり聞いていないな、仕事で疲れてるのかなって思うことはあって。寂しいなってたまに思います。（大学生）

このように寂しい気持ちをずっと抱えていたり、もっと言葉や態度で愛情を示してほしいと感じていたりするという声もたびたび聞かれます。また、気持ちの面だけでなく、「家事の負担が重い、もっと自分の時間がほしい」など、生活面での要望を持っていることも多くあります。離婚後の親同士の関係、家族関係についても、子どもたちは敏感です。

✤悪口に巻き込まないでほしかった。大人たちが別居親の不満や悪口をいうとき、なんとなく自分も言わなきゃみたいな、言わされてる雰囲気があって嫌だった。別に自分も別居親のことを好きだったわけじゃないけど、自分から言うのと言わされるのはやっぱり違う。（大学生）

家族メンバーのそれぞれの思惑が絡みあうなかで、複雑な思いをしていたことがうかがえます。同居親・別居親両方のことが好きでどちらも大切にしたいと思っている場合はもちろんのこと、親に対して批判的な思いを持っている場合でも、自分の言動を両親や家族がどう受け止めるか非常に気を遣っている姿が見えてきます。

また、離婚や別居親のことが家のなかでどのように扱われているかも、子どもに大きな影響を及ぼします。

離婚や別居親の話題はタブーみたいな感じだった。だから、聞くときはめっちゃタイミング見計らって勇気を出して言ってみて、その反応でまた次どうするか考えたりして。もっとそういうことが聞きやすい雰囲気だったらよかった。そうしたらそこまで悩まなくてすんだかもしれない。(大学生)

離婚から長い年月が経っていたとしても、それぞれのライフステージで子どもなりに親の離婚という課題に向き合おうとすることがあります。そのときに、話を聞いてみようと思えること、子どもが聞きたくなったときに大人側が話せるような関係性を築いておくことも大切です。

別居親への思い

また、別居親との関係もいろいろのようです。

✤別居親のことは好きだし、価値観も似ていると思う。でも面会のたびに（面会に来ない）きょうだいはどうしてるのとか、なんで来ないのとか聞かれるのが困った。聞いてくる親も面会に来ないきょうだいも嫌だった。もっと私の立場を考えてよと思っていた。（大学生）

両親同士の問題はもちろんのこと、きょうだいのことであっても、自分をはさまず直接やりとりしてほしい、というのは子どもの切実な願いのようです。子どもなりに、家族のバランスやそれぞれの思惑に注意を払い、余計な火種をつくらないようにと気遣いながら頑張っている姿が見えてきます。

別居親と、よき理解者として良好な関係を築いている場合もありますし、「別居親が自分のことを話すばかりでうんざりしてしまう」という経験をした人もいれば、なんとなく気まずくなって、という人もいます。

✤小学校高学年くらいから、会っていてもなんか気まずいなって思うようになって、自分から会わなくていいって言いました。その後は同居親に言われて、節目節目にメールしています。それもいつも定型文みたいな感じ。向こうも自分の状況を全く開示しないから話題がないんですよね。こちらから聞きたいわけじゃないし、質問もしないけど、もう少し自分のことを話してくれてもいいのになって思います。（大学生）

このように、つながりがあること自体は嫌ではないと思いつつ、どのように関係を築いたらいいか迷っている様子も見えてきます。いい面悪い面、両方ありつつ、やはり自分の親として大切に思っている、ということを感じさせられます。また、お金のことも大きな問題です。

✤養育費はちゃんともらっておいてほしかった。大人の問題じゃなくて子どもの権利なのに。親同士がもうかかわりあいたくないから養育費をもらわないっていうのは違うと思う。（大学生）

「大学入学で別居親がお金を出してくれたのはいいが、恩着せがましくされて嫌だった」という人もいました。

きょうだいとの関係

✤おもしろい話はみんなにできたんですけど、暗くて重い部分、家のピリピリした感じとか経済的にとにかくしんどかったこととかは誰にも話せてなかった。唯一弟かな。父親今日機嫌悪いねとか、一緒にケアするかとか、作戦会議的な感じで弟と話せてたのはでかかったな。（社会人）

✤上のきょうだいが結構荒れていて。感情もぶわーって出すし行動も激しいし。だから反面教師みたいな感じで、自分は親に迷惑かけないようにと思っていました。きょうだいで何か相談するってことも全然なくて。（大学生）

きょうだいとの関係も、いろいろ共有できて助かったという場合もあれば、なかなか相談できなかったという場合もあります。同じ家庭環境であっても、年齢や過ごしてきた時間の長さによって、上の子と下の子の経験は違い、離婚にまつわる出来事の見え方も大きく異なります。きょうだい順や離婚を経験した年齢によって、何をどこまで知っている（知らされている）か異なる場合もあります。

✿姉とはずっと仲が悪くて、私に対してすごい態度がきつかったんですけど、姉と私は父親が違うって大きくなってから知って。母は二回離婚してたんです。姉から見ると、私が一番大事にしてもらっていて、そこが気に入らなかったというか……。家庭環境がころころ変わって、本当は自分もしてもらいたかったことをしてもらえなかったっていうのもあったんだろうな、お姉ちゃんもすごい大変だったんだなっていうのは思いました。（大学生）

このように、きょうだいの間で共有されていない情報があることで、きょうだい間の葛藤やぎこちなさが高まってしまう場合もあるようです。また、誰かが特別に親（両親あるいはどちらかの親）から気に入られていたり、きょうだいが分かれて引き取られたりという場合にも、きょうだい間で複雑な思いが生まれることがあります。気に入られている側が特別にいい思いをしているというわけでもなく、自分ときょうだいとの扱いの違いに気まずさや申し訳なさを感じていたり、親の理想を壊さないようにと頑張っていたりすることもあるようです。一方で、そのような状況でも互いの大変さを理解・共有できてきょうだいがいることが励みになり支えになっていたと語ってくれる人、普段は葛藤がありつつ、いざというときにきょうだいが支えてくれたと語ってくれる人もいました。
いずれにせよ、きょうだいの有無や出生順などは子どもが決められることではありません。一人っ子なのは自分の責任ではないのに、親戚から「一人っ子だからわがままなんだ」と非難されるようなことを言われるのが嫌だったと教えてくれた人もいました。きょうだいがいれば離婚のことを共有できたかもしれないし、遊び相手にもなってくれて今ほど寂しくなかったかもしれないという思いもあり、親が離婚したゆえに一人っ子であるという境遇への不満が募っていたようです。

家族がしてくれてよかったこと

✽親も親戚も、離婚について後ろ向きの発言をしないでいてくれたのがよかったと思う。これで離婚を後悔するような発言をされていたら、さんざんふりまわしたくせに！　とぶちぎれていた。（大学生）

親が明るくなったり前向きでいてくれたりすることは、子どもにとってとても大切です。「今から考えると、別居親の悪口を言わないでいてくれたのがよかった」「別居親に会いに行くことを止められたり、制限されたりしなくてよかった」などと語る人たちもいました。大変ななかでも、子どもの気持ちを尊重しようとしていることは、子どもにも伝わるものがあるようです。

✽習い事も続けられたし、自分たちの生活があまり変わらないようにしてくれたから、離婚が悪かったたって思ったことはない。経済的にも大変だったのかもしれないけど、あんまりそういうのを感じさせないように同居親がすごく頑張ってくれていた。（大学生）

これまでみてきたように、離婚前と環境が変わらなくてすむような配慮は、子どもにとってとても大切です。学校だけでなく、習い事が居場所になるということもあるようです。

別居親に対しては、「養育費を払ってくれていた」「イベントのときに別居親がお金を出してくれた」など、子どもが必要とするお金を出してくれることをよかったこととして語ってくれる人もいました。また、別居親が同居親とは異なる価値観、考え方を提示してくれたことで救われたという声もありました。

親や、周りの大人たちへの思い

また、親だけでなく、周囲の大人にしてもらえてよかったこともあります。

✤おじいちゃんやおばあちゃんたちがいてくれたから寂しくなかった。（大学生）

✤先生たちがさりげなく気遣ってくれた。普段は何も言わないけど、何かあったときに「大丈夫？」と聞いてくれて、気遣いがやさしかった。特に深い話をするわけでなくても、自分の状況をわかってくれている人がいると思えたことで自分の気持ちのバランスがとれた。（大学生）

友だちや恋人、その家族と話せた、状況をわかってもらえたことがよかったという声も多くありました。また、あえて学校などでは親の離婚について話さないことで、学校では皆が「ふつうに」接してくれるのでよかったという人もいました。

子どもにとっては、離婚についての悩み・話題から離れた日常の生活もとても大切です。転校先でできた友だちがとてもいい子たちでよかったという人もいれば、習い事の時間があることがよかったという人もいました。テレビやゲームに没頭していた、そうやって離婚のことを考えずにいられた時間に救われたという人も多いようです。

✤離婚のことを話すと周りが申し訳なさそうな顔をするし、それが嫌で離婚のことを言わないようにしていたけど、お笑い番組で芸人さんが自分の親の離婚話をおもしろおかしく話しているのを見て、そっか、笑い話にしてもいいんだと思った。そういえばうちにもおもしろい話はたくさんあるぞと思って、それからはおもしろおかしく離婚のことを話せるようになった。（社会人）

テレビやゲームなど大人からすると心配に思えることでも、子どもにとっては支えや癒しになること、新しい価値観や考え方を知るきっかけになることもあるようです。子どもは、今自分が生きている世界のなかで、自分から見えている・知っている範囲のなかで、一生懸命考え、判断し、行動しています。離婚にかかわる知識が社会に広がることを通して、子どもが少しでもいろいろな意見・価値観に触れられたり、つらい思いをすることが減ったりすることを願うばかりです。

3　親の離婚を振り返ることで、みえたもの

言葉にしてこなかった、子どもの気持ち

✤これまで、親や、親の離婚に対するよくない気持ちというか、いろいろあったことを感じないようにしてた。もやもやした感じはあったんですけど、あんまり親に対して、嫌な感情をぶつけたりとか、そういうのをあんまりしたくなかったんで、ちょっと遠ざけてたというか。でも、プログラムに参加して、幼少期に経験した離婚の経験を語ることができて、今まで語れなかった自分から、成長できたなって思いました。心配していた嫌な感情も、出てこなかった。（大学生）

ＦＡＩＴの思春期グループの実践を含め、親の離婚を経験した大学生の声に耳を傾けると、親が離婚をするときに何を感じたか、どのような体験だったかを誰かに話したことはなかった、という声に出会います（山田他2020、曽山2022）。その理由としては、「話せるほど自分のなかで整理できていなかった」「親によくない感情を抱いてしまいそうだった」などが挙げられていました。このことから、「話してこなかった」ことが「話したくない」「話したいというニーズがない」とイコールではなさそうだ、ということがわかります。「話したくない、でも話したい」「話したい、でも怖い」などのように、それぞれの子どもによって複雑な感情が背景にあるようです。

それは、両親が離婚することによって自分の日常が著しく変わってしまうなどの「巻き込まれた」ことに対する腹立たしさや、家族にとって大事なことを家族の一員であるはずの自分には話してくれなかった怒り、自分のために経済的義務を負ってくれなかった別居親への憤り、と同時に自分のために養育費を別居親に支払わせる取り決めをしてくれなかった同居親への怒りなど、さまざまです。

もちろん、親に対して否定的な感情を直接ぶつけることと、ぶつけないで抑えることのどちらがよいとは一概には言えません。「ぶつけても大丈夫」という安心感がある関係性だからぶつけられるのかもしれませんし、反対に、言わないでいられるのは感情を自分のなかに抑えて留めておける力があるからかもしれません。また、子どもは当時の自身の感情を明確に捉えているとも言い切れず、考えるとモヤモヤする、イライラする、なんか腹立たしい、とさまざまな表現をしてくれます。ファシリテーターは「その気持ちは、もう少し言葉にできそう？　言葉にしないほうがよさそうだったらしなくてもいいですよ」と、言語化を可能な範囲で促すかかわりをすることがあります。心の専門家がいる安全な空間において、過去の否定的な感情や現在の気持ちについて吐露をすることは「自分のモヤモヤはこういう感情だったんだ」と感情の整理となったり、「話せてすっきりした」とカタルシスの体験となったりするということが示されました（山田他 2020）。

同じような経験をした子ども同士のなかで

興味深かったのは、これまで親の離婚を周囲の人に話したことがある子どもの場合、その相手の多くは「同じように親の離婚を経験した友だち」だったことです。親が離婚しているという事実を周囲に知られたとき、からかわれたり、その場を白けさせたりしてしまった……。離婚家庭だと知られると、それまで父親の話題を振ってきていたのに、一切家族の話題を振られなくなった……。そうした経験のなかで、子どもは親の離婚を周囲に知られたとき、周囲の様子や反応から「話してもよかったのか、話すべきではなかったか」を敏感に判断しているのです。そして「話すべきではなかった」という結論に至ったとき、その後は親の離婚に関して誰かに開示することがより難しくなってしまっていました。では、周囲に開示しなかった場合、どのように過ごしているのでしょうか。「自分のなかでずっとぐるぐる考えていた」「あえて考えないようにしていた」、このように語られていました。

日本ではＦＡＩＴは任意参加のため、グループに参加した子どもたちは皆、親の離婚をテーマとしたプログラムがあると知り、自発的に参加した子どもたちです。その意味では、親の離婚という同じ体験をした者同士で親の離婚を振り返ることや、体験を語ることに興味関心を持った参加者でもあり、それゆえに、上記のような声も出やすいのかもしれません。

ファシリテーターとしては、本人の感情に対する傾聴や共感、そして必要に応じて「そのような感情を抱くのも無理はない」とノーマライズし、ＦＡＩＴのテキストやプログラム内容に照らし合わせながら自身の感情の理解を促しています。また、怒りを適切な方法で表現する方法について一緒に考えたり、相手を非難する言い方ではなく、主語を自分（Ｉ）にして「私は、こう思って悲しかった／こうしてもらえるとうれしい」などの言い方で伝えるアイ（Ｉ）メッセージというコミュニケーションスキルを紹介したりしています。

「子どもの怒り」や「感情の表出」がプログラムで行われていると聞くと、なんだか激しい場面を想像するかもしれません。しかし実際は、それ以上に親への感謝の言葉も多く表出されています。たとえば、親が離婚したことをしばらく隠されていた子どもは、話してくれなかったことに「そういう大事なことは話してほしい」と不満を吐露したのち、「でも、親もそのときはいっぱいいっぱいだったんだと思います」と話してくれました。このように、多くの場合で怒りを語る子どもの言葉は親に対して非難めいたものではなく、両親がそうせざるを得なかった背景や気持ちへの理解を示しながら語られているのが印象的です。それがよいことか悪いことかはおいておき、子どもからの両親に対するいわゆる忠誠心（3章3節参照）を深く感じる場面はプログラム内で多々見られます。

過去の自分の気持ちを理解する

親プログラムで用いている「発達段階ごとの子どもの様子」（3章3節参照）を紹介すると、過去の自分に当てはまると共感の言葉がたくさん出てきます。たとえば、親の離婚を経験した子どもの反応の一つに、「子どもは片方の親に味方し、もう片方に敵対しやすい」ということがＦＡＩＴのテキストに挙げられています。これについて、「離婚当初の小さい頃は同居親の味方だったけれども、年齢を重ねるうちにだんだんと離婚の事実を客観的に見られるようになり、別居親の気持ちもわかるようになってきて現在は中立である」と語る大学生もいました。また、「学校でトラブルを経験する」という内容に関連して、親の離婚後に、家庭では親に反抗できない反動から学校で教師に対して反抗をしていたことを振り返り、「当時の先生たちには迷惑をかけてしまった」と語った大学生もいました。

また、過去の自分の反応だけでなく現在の自分の行動が、記載された内容と合致すると語ってくれることも多々あります。たとえば、テキストには子どもは同居親と別居親の間のメッセンジャー役になってしまう場合があることについて記載していますが、面会交流を行っている子どもからはまさに今の自分がそうだと語られたことがあります。ファシリテーターからは、それがすべてよくない動きとして決めつけるのではなく、その役割を子どもがとることによって子ども自身にもよいことがあること（親から感謝されたり、親同士の直接的な衝突を回避できたりするなど）を認め、ただ、その役割を常に取らなくてもいいことや、自分がしんどいと思ったら無理をしないでその役割から降りてもよいこと、断りたい気持ちがあれば率直に伝えてもいいし断ってもいいことなどを伝えています。

このように体験を話し合うことで、「こういう反応をしていたのは自分だけではなかった」「幼少期の子どもは、親の離婚という複雑な事象について理解できずに、漠然とした不安を抱いてしまうものなのだ」「自分がこのような行動をしたことも無理もないことだ」など、過去や現在の自分に対して「無理もなかった」と声をかけてあげられる機会となりうるようです。

自分の将来に関する不安を言葉にする

思春期向けのプログラムでは、主に、"過去"を振り返る内容と、"現在"や"未来"に焦点をあてる内容で構成されています。現在や未来を扱う場面では、現在やこれからの親と自分との関係を考えたり、将来について不安に思っていること、たとえば将来の自分のパートナー関係や結婚観なども扱ったりします。

✤自分の親は金銭面などいろいろだらしがなくて、それが離婚の原因なんです。将来、自分も似ちゃうんじゃないかな、という不安があります。今は反面教師にしようと思っているけど、怠けたいなと思う自分もいて。そういうとき、似てきたなと不安になることも。（大学生）

✤結構、親も含めて親戚が離婚経験者が多くて。自分も離婚しちゃうのかなあと不安に思うこともあります。（大学生）

このように、自分が親に似ることの不安や、親と似たような道を歩む不安はよく語られます。特に、「自分も結婚したら親のように離婚をするのではないか」「離婚するくらいならば結婚しないほうがよいと思ってしまう」という不安の声はよく聴かれます。親が離婚・再婚をくり返しているケースや、上記のように親だけでなく近しい親戚などにも離婚家庭が身近にある場合は、このような不安を抱く傾向にあるようです。このような声に対し、プログラムのなかでは、親の人生と子どもの人生は全くの別物であり、必ずしも親の歩んだ道と同じになるとは限らないということを共有しています。

また、「自分が親に似てしまう不安」の体験には、このエピソードのように子ども自身が親に似てきて嫌だなと思う場合に加え、親に「元配偶者に似てきた」と指摘されて思うようになる場合もあるようです。この不安に対しては、子どもは両親の半分ずつから成り立っていて、似ているところがあるのは当然であること、しかしながらあなたはあなたであるということを伝えています。

❀親の老後が不安ですね。親はどちらも再婚していないので。きょうだいは別居している親のことをあまり好きじゃないので、そっちの親の老後は私が面倒見ることになるんだろうなぁ、と思ったりしています。（大学生）

将来についてのテーマになると、このように、大学生という年代で親の老後に関する不安も語られました。こうした将来に関する不安を言葉にすることによって、今その不安を解消するためにできることがあるのか、考えても仕方がないものなのか、などが自分のなかで少しずつ見えてくるようです。これに対し、今考えても仕方がないことだよね、と切り捨てるのではなく、「今考えても仕方がないと思いつつも、不安に思う気持ちがあるんだよね」と子どもの気持ちを受け止める言葉かけをプログラムのなかでは行っています。

他者の経験を聞くことによる「ふつう」からの解放

親の離婚についてどのように捉えているかを子どもに尋ねると、

❀今はひとり親っていう言葉も一般的になってきたし、離婚についてネガティブな思いはない。離婚してくれてよかったと思っている。（大学生）

❀「ふつう」の家族じゃなくなってしまったっていう思いはずっとあった。両親がそろっている家族連れを見て、

いいなあと思っていた。(大学生)

前者のように、離婚を肯定的に捉えている人もいれば、後者のように「ふつうの家族」と照らし合わせて自分の家は欠けてしまったような感覚を持った人もいました。昔ながらの価値観が根強く離婚について噂されることが多い環境の場合では、離婚のことをできるかぎり隠そうとしている子どもたちも多くいました。「家族とはこういうもの」「親子とはこうあるべき」という社会の価値観が子どもたちに与える影響も考えていく必要があります(6章・7章参照)。

また、子どもたちのなかで「ふつう」か「ふつうでない」かを感じるのは離婚による変化だけでなく、体験した離婚そのものが「ふつうの離婚かそうでないか」も気になるようでした。たとえば、親の離婚を経験した子どもたちにインタビューを行っていると、インタビューの前に「自分が経験した離婚はふつうの離婚ではないかもしれないけれども、それでも問題ないか」と尋ねられることがあります。親同士が離婚後にもう一度復縁している場合や、離婚・再婚が複数回ある場合、離婚後に死別している場合など、「ふつうの離婚ではない」と特に思うようです。その他にも、家族のなかで離婚についてオープンに、時に笑いを交えながら語り合える環境にいる子どもは、自分の家のように明るく離婚について話せる家は変だと思うと語っていました。子どもたちは「離婚後は家族がバラバラになるもの」「別れた両親同士は会わないもの」というような、どこから得たのかわからない「ふつうの離婚」という漠然としたイメージを抱いていて、自分の経験した親の離婚がそれに当てはまるのか、または当てはまらないのかを悩んでいたと語られることもます。しかし、プログラムのなかで複数のメンバーからそれぞれ親の離婚経験を聞くことで、誰一人同じ離婚は経験していないことを知り、「ふつうの離婚はないとわかりました」という言葉とともに、自分の経験した離婚をありのまま受け入れようとし始める様子がありました。

言葉にすることの意味

米国のＦＩＴプログラムの思春期グループで用いられる*Taking the "Duh" out of the Divorce*（トレヴァー・ロメイン作）というアニメーションがあります。あらすじを少しご紹介します。

スカイという女の子がある日の学校帰り、迎えに来た両親に突然離婚を告げられます。ショックを受けたスカイは友だちと遊ぶ気にもなれず、一人になりたい、誰にも話せない、と思い悩みます。その後、様子がおかしいと気づいてくれた幼なじみに親が離婚すること、離婚は自分のせいかもしれないという不安を打ち明けます。その後スカイは夢のなかで裁判の舞台に立ちます。離婚を主張する両親に対し、離婚はすべきではないと主張するスカイ。どうして離婚をするのか、自分の生活が変わってしまう、と両親へ葛藤をぶつけます。両親は、離婚は避けられないと淡々と語り、離婚をしても共にスカイを愛していると伝えます。そうしてスカイは、幼少期の楽しかった家族の思い出や、最近の両親の険悪な様子のすべてを受け止めて、離婚という新しい家族のかたちを受け入れようとするところで締めくくられます。

このアニメーションには、子どもが抱きやすい「自分のせいで離婚をするのかも」という不安、それに対して「話したかったら話してごらん」と周囲の人から支えられること、離婚を決めた両親に対する怒り、両親からの説明や「離婚後も変わらず愛している」というメッセージを受け取ることなど、子どもへの支援に重要なエッセンスが詰まっています。これらは、日米の文化差を越えて重要と言えます（山田他2012）。

なぜ親の離婚を経験した子どもに、その体験を本人にとって無理のない範囲で話すことを促すのか、それは、子どもは親の離婚が自分のせいなのではないかと悩んだり、両親は自分のことをもう愛していないのではないかと不安に思ったり、経済面や生活上の心配などを抱いたりしやすいため、周囲の大人によって違うことは「違う」とはっきりと否定してもらって現実的な回答を得ることが必要だからです。離婚は自分のせいではないと周囲の大人にしっかりと否定してもらうことで自責感から解放され、親同士の問題としての「親の離婚」について理解が深まります。

また、日本では親から子どもに「愛している」と直接伝えることは、海外に比べてなじみが薄いかもしれません。しかし、自分は両親から愛されているということを実感することは、自尊心を育むという面からも重要です。また、家庭の経済状況の変化を感じ取り、自分はもう進学できないんだとあきらめそうになったという子どもの声も聞かれます。このような不安や心配事を一人で抱えてしまわないよう、「話したいと思ったら話せる人に話してごらん。話したくないときは話さなくてもいいよ」という子どもの気持ちに寄り添いながら、体験を言葉にすることを促すことが支援として重要なのです。

これから親の離婚を経験する子どもたちへ先輩としてアドバイス

❀困ったり、気持ちがぐちゃぐちゃになったりしたら、誰かに言ったほうがいいよ。親でもいいし、頼れる人に。あんまりため込まないほうがいいんじゃない?って思います。ため込むと、嫌な気持ちが自分に向いてきちゃいそうだから。（大学生）

✤離婚は子どものせいじゃないよってことを伝えたいです。離婚は親と親の問題だから、難しいけど、そこは頑張って切り離して考えてほしい。（大学生）

✤他の人があまり経験しないようなことを経験するから、すごいつらいときもあると思うけど、だからこそ、人にやさしくできるし、その分、他の人よりも強くなれるから。大丈夫、大丈夫って伝えたい。（大学生）

✤別居親に会いたかったら会いたいって言ったほうがいいよ、親が死んでしまって聞きたいことも聞けなくなる場合もあるから。（大学生）

これらは、実際に親の離婚を経験した子どもたちが、「今後親の離婚を経験する子どもに先輩としてどのようなアドバイスしたいか」と尋ねた際に教えてくれたものです。さまざまな内容がありますが、どれも過去の自分が欲しかったアドバイスを反映しているようです。プログラム内では、親の離婚について自身の過去や現在、そして今後の人生に照らし合わせて考えたり整理しようともがいたりしている青年期の子どもの姿がありました。親の離婚を経験してから言葉にできない複雑な思いや感情を抱いている子どもにとって、誰かに話して言語化をする過程は、わからなかったものを捉えようとしている挑戦とも見ることができます。

また、自分の経験したことに自分で意味づけをしていくこと、そして意味づけをし直していくことが、今後の自分の人生を生きるうえで大切なのではないでしょうか。大学生を対象にＦＡＩＴへの参加を呼びかけた際、自身の経験を語り合うニーズがあるのか私たちとしてもわかりませんでした。実際に実施してみると、「親の離婚を経験した子どもたち同士が集まる」というプログラムの特徴は、当事者の子どもにとって魅力になっていたようでした。ＦＡＩＴは、「他者に自分の経験を話したい、他者の経験を聞きたい」という両側面を満たせる機会となりうるようです。

子どもによって状況や背景も、感じ方も理解の仕方もさまざまであり、また、子どもの思いは非常にアンビバレント（両価的）で複雑で、一言で表しきれない思いがたくさんあります。そしてそれらはこれからも変化していくことでしょう。カウンセリングなどの心理支援が必要になる子どももいれば、必要でない子どももいます。その意味でも、子どもが話してもよいと思える誰かに、話してもよいと思えるタイミングで話すことができたとき、言葉にするその経験が子どもにとってよかったと思えるものになるように周囲の大人の理解があることも重要です。

コラム2　親の離婚を経験する子どもたちの権利

第二次世界大戦後、世界人権宣言によってすべての人が生まれながらにして自由で、平等に権利と尊厳をもつことが確認されました。その後、大人以上に、子どもたちが貧困や戦争、社会の混乱に巻き込まれ、不当な扱いを受けている状況にあることが注目されるようになり、「児童の権利に関する条約（子どもの権利条約）」が一九九〇年に発効し、日本は一九九四年に批准しました（外務省のウェブサイトで全文を読むことができます）。子どもの権利条約が規定する権利は、「生きる権利」「育つ権利」「守られる権利」「参加する権利」の大きく四つに分けられます。「参加する権利」の一つとして、子どもは自分自身に影響を及ぼすすべての事項について自由に自己の意見を表明する権利を確保するという「意見表明権」が規定されています。この意見表明権を、親の離婚や面会交流など子どもに直接影響を及ぼす家事事件の手続においても保障しようという動きから、「子どもの手続代理人制度」が、二〇一三年に施行された「家事事件手続法」によって整備されることになりました。

子ども自身は親の離婚や面会交流について、自分の意見を述べることをどのように感じているのでしょうか。弁護士の中村多美子《なかむらたみこ》（2010）は、「子どもは、紛争の最中でも自分の問題について、誰か第三者の大人に適時に相談したいと思っている」「子どもは、たとえ自分の意見が通らないとしても、自分の意見を十分に伝えたうえで、親に結論を出してほしいと思っている」と子どもの声を拾うことの重要性を指摘しています。そして、子どもたちの声として「（他国の子どもの代理人制度のような）そういう制度があれば、私はここまで混乱しないで済んだと思う」「私にはさっぱりわからないのです（中略）私は、このまま大学を続けられるのか。誰が学費を出してくれるのか。学校を辞めて働かねばならないのか。来期の学費の納入期限までに、そうしたことは決まるのですか？」という言葉を紹介し、子ども自身が「子ども代理人を切望しているように思えてならないのである」と述べています。

一方で、子どもたちが、親の離婚に際して自分の意見を整理することに困難を感じたり、意見を表明することにためらいを感じたりしているという調査報告も見られます（家庭問題情報センター 2005）。それによると、「言葉にしようとすると涙が出てきてうまく言えなかった」「親を見ていて、意見や反論が言える状況ではなかったので、従うしかないと思った」「嫌だったことは、自分に選択権が与えられ、両親のどちらと住むかを選ばされたこと。当時の自分には負えないような責任を負わされた」など、さまざまな意見があることが示されています。こうした結果からは、親の離婚を経験している（した）子どもたちは、家族の大きな変化を乗り越えるだけで精一杯で、子どもの意見表明権が保障されていたとしても、親の状況を慮って発言を控えたり、自分の意見が事態を左右する重大なものであると思えばこそ言えなかったりする様子がうかがえます。

だからこそ、支援者を含めた大人は、子どもの権利を意識し、それを保障する対応が求められます。FAITでは、保護者に「子どもの権利書」（次頁）を紹介し、子どもを個人として尊重し、親の離婚についてどんな思いや考えを持ってもよいこと、それを表明することもしないことも認めることを伝えます。子どもたちにとっても「自分には権利がある」と知ることが、今の自分のあり方を認め、自己肯定感を回復する一助になっていると感じます。

〔本田麻希子〕

ＦＡＩＴ「子どもの権利書」

私たち、親の離婚を経験している子どもたちは、より深い絆が結ばれること、公平がもたらされること、家庭の平穏が保障されること、ごく普通の保護が与えられること、そして私たち自身と私たちの子孫が自由の恩恵を確実に受けられることを目指して、すべての子どもたちのためにこの権利書を制定し樹立します。

第１条：私たちには、「どちらか一方の側につく」ように言われたり、両親の間でどちらの味方になるか選ぶように求められたりしない権利があります。
第２条：私たちには、ゲームの駒のように両親の所有物や交渉の手段としてではなく、一人の人間として、尊重される権利があります。
第３条：私たちには、両方の親と自由に個人的なやりとりをする権利があります。
第４条：私たちには、一方の親からもう一方の親についていろいろ聞かれない権利があります。
第５条：私たちには、両親の伝言役（メッセンジャー）にならない権利があります。
第６条：私たちには、自分の気持ちを表現する権利があります。
第７条：私たちには、自分自身の必要性と希望に応じて、親権のない親とも最もいいかたちで面会する権利があります。
第８条：私たちには、罪悪感を抱くことなく、両方の親を愛し、両方の親と関係をもつ権利があります。
第９条：私たちには、一方の親が、もう片方の親の悪口を言うのを聞かない権利があります。
第10条：私たちには、親が離婚をしなかった場合と同等の教育の機会と、経済的援助を受ける権利があります。
第11条：私たちには、いつでも最大級の利益が守られる権利があります。
第12条：私たちには、子どもとしての立場を取り続ける権利、つまり、親の幸福のために大人がとるべき責任を引き受けない権利があります。
第13条：私たちには、必要なときに適切な情緒的、社会的サポートを探してほしいと親にリクエストする権利があります。
第14条：私たちには、安定感や安心感が充分ではない暮らしの中でも、ゆるがない養育を求める権利があります。
第15条：私たちには、今回の離婚という出来事にかかわらず、健康な人間関係のモデルを示してもらう権利があります。
第16条：私たちには、今の状況に健やかに適応するために時間や段階が必要なとき、最大限のサポートを求める権利があります。

5章　子どもとの関係、親同士の関係

本章では、親プログラムの後半の内容でもある親子の関係、および親同士の関係に焦点をあてていきます。子どもと過ごす同居親と子どもとの関係、親子のコミュニケーションについて（1節）、子どもとは離れて暮らす別居親と子どもとの関係、特に会えない、会うことが当たり前でないことについて（2節）、さらに、離婚後の養育という観点からも重要になってくる親同士の関係について（3節）、それぞれの声を紹介しながら考えていきます。

1　共に暮らす親と子ども

一人で担う日々の子育て

ＦＡＩＴの親プログラム前半では親と子それぞれの視点から、親自身のこれまでを振り返ったり、今後に思いをめぐらせたりしてきました。続く後半では、子どもとのよい関係をつくり、サポーティブな環境をどのように整えていくかが大切なテーマになってきます。そのなかで、多くの方から出てくる話題は、やはり子どもとの関係、気持ちの理解や親子のコミュニケーションにまつわることです。

できることなら子どもには穏やかでやさしい気持ちで接したい、お互い楽しい時間を過ごしたい、と思いつも、時としてそれがとても難しく、思うようにいかないことは子育て全般に共通する悩みです。さらに離婚による家族関係の変化という負荷が加わることで、そのハードルが上がってしまうのも多くの方に共通の感覚でしょう。ここでは、主に、日々子どもと暮らす同居親の声を紹介しながら、子どもとの関係について考えます。

✿「どうして別れちゃうの、私なんてどうだっていいんでしょ、死んだっていいんでしょ」と泣きじゃくる娘に、そんなことないって言ったところで別れることにはかわりないし。なんて声をかけたらいいかわからず、ただそばにいるだけでした……。（同居親）

手探りしながらも子どもと懸命にかかわるなかで、自分だって泣きたくなるし、そこにいるだけで精一杯。多くの参加者が頷きながら耳を傾けたエピソードです。学校から帰ると泣き続ける日が一週間以上続き、それに付きあいつつも、「お母さんにとってあなたは大切な存在」と伝えるなかで、少しずつ落ち着きを取り戻していったそうです。

✿仕事から帰ると、もうくたくた。だけど、夕食づくりまではアドレナリン出しまくってやるしかないって、何とか頑張れるんです。だけど、思春期の息子との関係はそんな簡単じゃないなぁって。父親がいたらもっと違ったのかなって、どうしても思ってしまって。（同居親）

仕事も家事も子育ても。日々の生活を一人で回していくその大変さは計り知れません。同時に、子育ては食事づくりや家事だけでなく、子どもの話を聞いたり、様子を見守ったりという日々のかかわりが求められます。でも、子どもたちとゆっくり話したいと思っても時間も気持ちの余裕もなく、また思春期の子どもとなると……、というのが現実でしょう。親として、子どもの気持ちを受け止め、理解しよう、いい関係を築こうとすることが大切なのは承知のうえ。でもいざとなると、わからないことや、腹の立つこと、すれ違うこともたびたびかもしれません。子どもと向き合うことの大変さは、小さな子どもでも、また成長してからも、やはり大きなテーマだと痛感させられます。

子どもとの日々のやりとりの中で

✽別居親と会うことは子どものためと思うけれど、子どもに「会わない」と言われてしまうと、どうしていいかわからない。私を気遣ってそう言っているなら会わせてあげたい。でも、それが本心だとしたら、子どもの意思を尊重したほうがいいのかもしれないとも思うし、何が正解なんだろうって。（同居親）

そもそも子どもの気持ちに近づくことや推し量ることがいかに難しいか、日々、子どもと向き合う親であれば、なおさらでしょう。しかも、それが別れて住む親とのこととなると、親自身の複雑な思いも加わって困惑することも少なくないようです。

子育てに唯一の正解はありませんが、ＦＡＩＴでは、同居・別居を問わず、子どもの気持ちをどう理解し、受け止め、応えればいいのかといったよく出る話題について、具体的なやりとりの例をとりあげながら考えていきます。ここでは、ＦＡＩＴの内容に加えて、ＣＡＲＥ《ケア》（Child-Adult Relationship Enhancement, 子どもと大人の絆を深めるプログラム）というペアレンティングプログラム（Gurwitch et al. 2016）の考え方も紹介しながら、子どもとの肯定的な関係づくりについて考えていきたいと思います。なお、ＣＡＲＥ（https://www.care-japan.org/）は離婚の有無にかかわらず、実親や里親などの親・養育者のほか、現場で子どもとかかわるすべての大人を対象に、子どもとの関係づくりに大切なポイントを具体的に習得できるプログラムです（福丸 2020）。

子どものペースを大切にしながら、ついていく

子どもとのよりよい関係づくりに大切、かつ効果的だといわれていることの一つに、「子どものリードについていく」という考え方があります（福丸 2013a）。子どものペースを尊重し大人が見守りつつ、ついていくようなイメージですが、これは、子どもにとっては、自分が価値ある存在として受け入れてもらえると感じることにつながります。

あらためて子どもたちの日常を振り返ると、大人が決めたことに従って過ごす時間が多いことに気づかされます。たとえば、何時に起きて朝食に何を食べるか、園や学校に行けば、その日のスケジュールや時間割はたいてい大人によって決められています。両親が別れた後どこに住むかを決めるのも、多くの場合、大人でしょう。主体性を重んじることは大切とわかりつつ、子どもの意見やペースを尊重する場面は、大人が思うほど多くはありません。

もちろん日々の生活は親や大人がリードすべき場面もたくさんありますから、常にこうした意識をもつのは現実的ではありません。一日のなかで短い時間でも子どものペースを尊重しながら、いい関係を築くコミュニケーションを意識することは、親子関係にも変化をもたらすことが示されています（Messer et al. 2018）。特に小さい子どもの場合は、子どもにとってかけがえのない「遊び」という楽しい時間をそれに充てます。思春期の場合は、学校から帰ってほっとしたとき、夕食後のゆったりした時間など、日常の会話のなかで、子どものペースに寄り添う時間を意識します。

たとえ短い時間でも、日々の生活のなかで大切な人に見守られ尊重されていると感じる瞬間があることは、子どもにとって大きな支えになります。肯定的な関係の積み重ねは、離婚に限らず、すべての子どもの育ちにおいて大切であると考えられます。里親家庭や再婚家庭など、親子・家族の関係再構築がより大切になってくる際にも、こうした視点が大切であると考えられます（福丸他 2018）。

まずは受け止めて、気持ちに近づいてみる

実際に子どものペースを尊重するというのはどういうことでしょうか。まず、子どもの様子を見守りながら、子どものなにげない姿や普通にできていることに注目します。そして、そのことに気づいているということを言葉にして、子どもに届けます。その際に用いるコミュニケーションとして大切なのが、子どもの言葉に耳を傾けてその会話を「くり返す」、子どものよい「行動を言葉にする」、そしていいなと思ったらそれを「具体的にほめる」、の三つです。ここでは「くり返す」を例に考えてみます。

たとえば、先ほどのように「私なんてどうだっていいんでしょ」と子どもに真剣に言われたら、親とし

ては、「そんなことないよ」「なんでそんなこと言うの?」と言いたくなるかもしれません。親として自然なことですが、「そうか、（あなたは）そんなふうに感じていたんだね」「どうでもいいって思われてるって」と、いったん受け取ってみるとどうでしょう。「寂しかったんだね」「本当は、もっと大切にしてよって言いたくなったのかな」など、子どもの気持ちを想像したり、「気づかなくてごめんね」と伝えたくなったりするかもしれません。また、「パパに会いたくない」という言葉をどう捉えるかは簡単ではありませんが、「そうなんだ。今は会いたくないんだね」と、まずはいったん受け止めてくり返してみることで、「うん、だって……」とか「ほんとはちょっと会いたいけど」とさらに話してくれるかもしれません。

このように、子どもが自分の気持ちを言葉にしてくれたときには、「子どもなりの現実」をいったん受け止め、くり返してみることで、親が子どもの気持ちに近づきやすくなるだけでなく、子どもも、自分の声に耳を傾けてもらっていること、親が受け止めようとしていることがわかりやすくなります。そのうえで「あなたは大切な存在だよ」「もし会いたくなったら教えてね」といった親自身の気持ちを伝えることもももちろんもあるでしょう。

くり返しは、常に行わなくてはいけないというものではありません（特に不適切な会話をくり返す必要はありません）、またくり返すことは、すべてを肯定して認め、こちらが折れるということとは異なります。離婚は同じ家族のなかでも、大人と子どもの体験が異なることはすでに述べましたが、私（親）の気持ちや意見は違う（かもしれない）けれど、あなたはそんなふうに感じているんだね、とまず耳を傾けてキャッチし、そのボールを投げ返すことで、子どもの気持ちに一歩近づこうとすることなのです。

いいときにこそ注目してみる

子どものいい姿や普通にしているときにこそ注目し、それを言葉にするというのも、関係づくりに役立つコミュニケーションの一つです。私たちは、子どものできていないことやよくない行動につい目が行ってしまいがちです。ちゃんとしてほしい、わかってほしい、と思えば思うほど注意や小言が多くなる、というのは多くの人が経験していることでしょう。また、そういう子どもの姿に離婚の影響が少なからず関係しているかもしれないと思えば、なおさら気になって、何とかしなくてはと、よくないところを注意することも増えるでしょう。

とはいえ、何とかしなくてはという親の思いが、必ずしもいい方向と結びつくとは限りません。むしろ、普通にしているとき、できているいいときに肯定的な注目を向けることで、結果的にはいい循環が起きやすくなることも示されています（加茂2020）。

たとえば、きょうだいげんかの後に、「お姉ちゃんなんだから弟にやさしくしなさい！」と注意するより、弟におもちゃを貸してあげられたら、「おもちゃを貸してあげられてやさしいね」と、やさしくできたときに肯定的な注目を向けて具体的にほめるほうが、その行動は増えていくでしょう。「またやってる！」「できていない！」と躍起になるよりも、お互いの関係もよりあたたかなものになります。

一人二役の気ぜわしい日々だからこそなおさら、大人が何に注目するか、そのフレームを少し変えてみることで、子どものいいところがより見えやすくなりますし、子どもの気持ちにも近づきやすくなるでしょう。肯定的であたたかなコミュニケーションが増えることで、子どもと親の関係が変化することに加え、大切に受け止められるという体験が、他者を大切にするという人との関係づくりにもかかわってくるのです。

思春期だからこその難しさ

先ほどのエピソードにもあったように、思春期の子育ては、幼少期とはまた異なった課題があります。もともと幼児や児童期の子ども向けに作られたCAREも、思春期こそ、子どもとの関係づくりは難しい、という現場のニーズから思春期版が後から作られました。ただ、基本的な考え方は共通で、肯定的な関係を築く際に大切とされるコミュニケーションは同じです。

とはいえ、注目されたりほめられたりして、純粋にうれしいと感じることは、ぐっと減るのが思春期です。やはり思春期は手ごわいです。でも、「手伝ってくれてありがとう」といった感謝や、「最後まであきらめずによく頑張ったね」と子どもの努力を労う気持ちを伝えることは、たとえその場でうれしそうにしなくても、子どもの背中をそっと押してくれるメッセージになるのではないでしょうか。

また、彼らの言葉をいったん受け止めてくり返すことで、不要な衝突は減るかもしれません。たとえば、部活を終えて帰宅した子どもが、「顧問の機嫌が悪くて、練習めっちゃきつかった。うざ！」と言ったとき、「そんなこと言ってないで、早く宿題やっちゃいなさいよ」と返せば、さらに「うざぁっ！」と立ち去るのがこの時期の子どもです。こちらの言いたいことを伝えるのも一つですが、まずは一呼吸、「そう、きつかったんだぁ」と相づちをうったりくり返したりすることで、「大変だったね」「お疲れさま」という言葉が出やすくなるかもしれません。その後、同じように「宿題やりなさい」という流れになるとしても、そのトーンは少し穏やかになるのではないでしょうか。

子どもが気持ちを伝えること、その難しさ

「（別居親に）会いたくない」といった子どもの発言には、親としてもドキッとしたり困惑させられたりするものですが、まずは、そうなんだと受け止めるとともに、話してくれたことに注目するのも一つです。態度や言い方がよくなくても、言葉にして伝えようとしてくれたことに、「自分の気持ちを話してくれてありがとう」と言うこともできるでしょう。受け止めてくれる存在があり、伝えたいときには気持ちを伝えていいこと、そしてそうしてほしいと親も思っていることを子どもが理解しやすくなります。また、子どもの気持ちを聞けてよかったという大人の思いを率直に言葉にすることは、子どもにとってもうれしいだけでなく、率直に気持ちを表す大人の姿そのものが子どもにとってのモデルにもなるのです。

ここまで、ＦＡＩＴの後半部分、子どもの気持ちをどう理解して対応するかについてみてきましたが、子どもの気持ちと出会うこと、向き合うことの難しさを示すデータもあります。前出の法務省による調査によると、両親が別居するときに、「自分の本心、気持ちを直接伝えられた」と感じている人は三一パーセント、「伝えられなかった」二二パーセント、「伝えたいことはなかった」三四パーセント、「覚えていない」が一一パーセントという結果が示されています（法務省2021b）。幼くて状況が理解できなかったり、情報不足だったりということも予想されるので、慎重な解釈も求められますが、少なくとも四〜五人に一人の子どもが、自分の気持ちを伝えられなかったと感じていることがわかります。あらためて、子どもが気持ちを伝えることの難しさを、また必要に応じてその手助けをすることの大切さを感じます。

４章で紹介したように、ＦＡＩＴの子ども向けグループでは、話したいときに話せる雰囲気を大切に、遊びの時間も多めにとりながら実施しています。コロナの影響で思い切り遊べない時期を経たこともあり、

実践のなかでもこうした時間の大切さをなおさら感じるようになりましたが、最近の子どもグループでも次のようなことがありました。

二時間のプログラムのうち一時間以上をプレイルームでにぎやかに楽しく遊び続けた小学生と年長の子どもたち。あと三〇分余りで終了と気が付いた一人の小学生が「時間だ、やろう！」とＦＡＩＴのテキストを手に座ると、他の子どもたちもそれに続きました。その後の時間は、子どもたちの集中力に目を見張るばかり。両親が別れたときのことや今の気持ちを言葉にしてみたり、自分を大切にしてくれる大人を思い出しながら「思いやりの輪」を作ったり……。また、会いたいのに会えない親への思いを少しずつ言葉にする子どももいて、子どもたちのペースを大切にしながら待つこと、さらにそれを受け止めようとする大人側のまなざしや気持ちに余裕をもつことの大切さを教えられる時間となりました。ここは安心して話せる場か、信頼できる大人なのか、そうした関係づくりも欠かせません。そのなかでこうした体験が、たくさん遊んで楽しかった記憶とともに残っていくことの意味も考えさせられました。

親自身が労われること

さて、このようにさまざまな力を秘め、かついろいろな思いを抱いている子どもたちと、日々、向き合いケアをする同居親には、本当に多くの役割、そしてエネルギーが求められます。そのようななかで、周りからの何気ない言葉で気持ちが揺れ動くことも少なくないようです。

✽別居親と子どもを会わせていること自体にびっくりする人が大半で。私が子どもを会わせるうえでの悩みを話すと、もう会わせないほうがいいよとか、そんな反応が返ってきたりして。そう言われると、父親との交流は子どものためになるはずと信じていたことも揺らいでしまって。子どものために頑張ろうとしているのに、そのことを理解して支えてくれる人って、なかなかいないんですよね……。（同居親）

子どものことを思って心を砕き、試行錯誤しながら切り盛りする一方で、周りからの理解は必ずしも得られないという現実も見えてきます。「できるかぎりのことをしてあげたくて習い事も多めに。でもそれが子どもにプレッシャーで、そのことに気づく余裕もなかった」という声も出ます。「思うようにいかないこともあるよね」「何とかしなくてはと焦ってやり過ぎてしまうよね」と、相づちとともに聴いてほしい、そのままを認めて日々の頑張りを労ってほしい、と思うのは決して子どもだけではないでしょう。また、自分で自分を労るセルフケアも大切です。親のセルフケアは自身の精神的健康だけでなく親子関係や子どもへの肯定的要因にも影響します（Powell et al. 2020）。気分転換やリラックスできる時間、信頼できる人とのつながりや適切な親プログラムへの参加など、多くの視点から考える必要があります。

自己分化という視点から

さて、ここまで子どもの気持ちを受け止めたり応えたりすることの大切さと難しさ、またその際のコミュニケーションを中心に述べてきましたが、さらに同居別居を問わず、親（大人）自身の心の成熟度の一側面ともいえる「自己分化」についても触れておきたいと思います。自己分化とは、人が情緒的にも知性的にも多様な機能を細やかに働かせることができるようになる能力やプロセスのことを意味しています

（Bowen 1978、平木他 2019）。

個人の自己分化度は、情緒と知性が分かれて機能すること、すなわち、感情的な部分と理性的な部分をバランスよく分化させることができる能力や程度といえます（藤田 2020）。自己分化度が低いと、自分の揺れ動く感情、特に否定的な感情に引きずられた言動や態度をとりがちになるため、周囲を巻き込んだり、また周りの人の気遣いややさしさに気づきにくくなったり、相手をないがしろにしてしまったりということが生じがちです。

たとえば離婚後、親自身が自分のつらさや葛藤のあまり、子どもの気持ちに目を向け見守ることよりも、子どもに向かってもう一方の親のことを感情的に批判し続けるといった否定的な言動をとることは、自己分化度の低さも関係していると考えられます。本書で紹介した子どもたちの声からわかるように、子どもは子どもなりに親への気遣いや心配をしています。でも、親の自己分化度が低いと、そういう気持ちや子どもたちの努力に気づきにくくなるだけでなく、親自身の否定的な感情を子どもに押しつけてしまいがちです。

一方、子どもは離婚が自分のせいだと思い込みやすいため、親がつらそうにしているのは自分が至らないから、と自分を責めがちです。さらに、至らない自分は力のないだめな人間だといった自己肯定感の低さや無力感にもつながりやすくなります。逆に、親の自己分化度が高ければ、感情と知性の両方をある程度使い分けられるため、親は自分の葛藤や不快感を持ちつつも、ひとまずそれを横においておきやすくなります。結果として、子どもの様子を見守り気持ちを理解しようとする対応もとりやすくなるのです。

また、別居親との交流が子どもの支えとなるかどうかにも、両親の自己分化が影響するという指摘もあります（藤田 2020）。別居親の自己分化度が低いと、子どものやさしさや気遣いが損なわれやすく、子どもにとって交流は苦痛な体験になりやすくなります。一方、同居親の自己分化度が低いと、別居親への思慕や気遣い自体が同居親の不安や不快を招くので、子どもは自分の自然な感情を押し殺したり別居親との交流に罪悪感を抱いたりしやすくなります。

ＦＡＩＴの後半部分では、子どもの気持ちを受け止めることの意味やその具体的な方法について、こうした考え方も共有しながら検討します。また、親自身のさまざまな思いに対して、お互い耳を傾けることも大切にしています。親である大人自身も、自分の気持ちが大切にされることで、子どもの気持ちを大切にする余裕が生まれるからです。その際もここで紹介した、あたたかく肯定的なコミュニケーションを意識することは、親子のよりよい関係づくりの大切な一歩につながると感じています。

2　離れて暮らす親と子ども

別居親と子どものかかわりの多様なかたち

別居親と子どもの関係に目を向けると、さまざまなかかわりが見えてきます。日常的に離れて暮らす親子が直接会うといっても、その頻度は人それぞれですし、交流の内容も多岐にわたります。たとえば、別居親と子どもだけで会うこともあれば、同居親も含め両親と子どもで過ごしたり、別居親側の祖父母が一緒に過ごしたりすることもあるでしょう。親同士の葛藤が高かったり、子どもが別居親と過ごすことに強い不安を感じていたりする場合には、面会交流支援団体（3章コラム1参照）などの第三者が立ち会うケースもあります。別居親の家で会うのか、外で会うのか、会う時間は数時間なのか宿泊を伴うのかなども、それぞれの家族によって異なります。もっと細かなことまで考えれば、会ったときにどのような時間を過ごすのか、どんなやりとりをするのかということもあります。

会うか会わないかだけではなく、養育費など経済的な責任をもち続けたり、別居親が子どもの誕生日などにプレゼントをしたりといった間接的なかかわりも、一つの関係のあり方だと考えられます。一方で、別居親は子どもと会いたいのに全くかかわれない、あるいは、同居親や子どもは別居親のかかわりを求めているのに取りあってもらえない、といったケースも少なからずあるのが現状です。

このように、別居親と子どもとの関係のあり方は非常に多様です。同じ家族であっても、子どもの成長や家族の状況の変化に伴い、その関係性は常に変化していきます。ここでは、さまざまな状況にある別居親の声を紹介しつつ、離れて暮らす親子の関係について考えます。

会うことが当たり前でない別居親の気持ち

✤月に一回しか会えなくて、こっちも気を遣ってつい甘くなるせいか、子どもが調子にのってわがままになっていると思うことも結構あって。でもそれも離婚のせい、自分のせいとか思うとちゃんと怒れなくて、言いなりというか。わがままな子になったらどうしようと思うこともあります。（別居親）

✤限られた時間のなかで子どもとの関係がこじれるのが怖くて。その場で関係修復できればいいけれど、こじれたまま終わってしまったら、次に会えるのは一か月後。もしかしたら、もう会いたくないとか言われて、そのまま会えなくなるかもしれない。子どもがわがままを言ったときなどは少し厳しさも必要なのかなと思うけれど、怖くてできないですね。（別居親）

普段生活を共にしていない別居親が、会えていない日常を想像しつつ、もう会えなくなるかもしれないという不安ともたたかいながら、子どもとの限られた時間を過ごす難しさをあらためて突きつけられます。「子どもと会った後に離れなければいけないことがつらくて、会った日の夜は眠れなくなる」といった、苦しい思いを言葉にする人もいました。子どもと会えることはうれしい一方で、子どもと会うたびに喪失体験をしている、といった声に、別居親の切なさや虚しさが表れています。

わがままを言える関係であることも大切にしたい、子どもを目の前にした貴重な時間のなかではお互いに楽しく過ごしたいなど、別居親がさまざまな思いを抱えながら子どもとかかわっていることを、忘れてはならないでしょう。

子どもと会えない親の気持ち

離婚後そもそも子どもに会えず、そのつらさに苦しんでいる別居親たちもいます。

✿母親が子どもを連れて出て行ってから、子どもには一切会えていなくて。いつか会える日のために子どもに手紙を書いているけれど、会える日が来るかはわからない。そう思うと気持ちも沈んでしまうので、普段は

あまり考えないようにしています。（別居親）

✤子どもが今どうしているのか想像もつかない。どんなことに興味があるのかもわからないし、それこそ洋服のサイズすら知らなくて。ただただ心配だし、もう二度と子どもの姿はみられないのかもしれないとも思うとつらくて……。（別居親）

✤（ＦＡＩＴのワークに取り組むなかで）こういうのって子どもと一緒にいる親にはいいけど、私たちは会えないんだから！　会えていないのに、こういうことを学んでも使えないでしょ。それが現実なんですよ！（別居親）

悲しい表情や激しい口調で話をする別居親の姿に、ファシリテーターとして言葉が続かず、「状況が変わって会える日がくるかもしれない、そのときのためにも」と言葉にしてみたものの、ということが何度もありました。「そうですよね」という頷きと沈黙、「会えないのにこういうことを考えるのって、きつい」「ますます会いたくなる」「本当に切ないですね」ぼそぼそっと参加者からでてくる言葉が、ずっしり響くことも少なくありません。

子どもにとっての別居親とのかかわり

このように、親の状況もそれぞれですが、子どもにとって別居している親とかかわるということにはどのような意味があるのでしょうか。ＤＶの問題など慎重な判断を要する場合は別として、子どもが安全な関係、環境のなかで親と過ごせるという前提のうえで、あらためて子どもにとってのかかわりの意味を考えます。

まず、両親の離婚によって生じる不安を和らげるという点です。

✤離婚後も子どもと父親が会えるようにしていたけれど、いろいろあって、会えない期間が長くできてしまったときが一時期あったんですよね。今思えば、その時期は子どもが学校で教室に入れないとか、些細なことで感情を爆発させるとか、子どもも反応を出していたかもしれない。一定のペースで会えるようになったら、安心できたのか、いつの間にか子どもも落ち着いてきて。（同居親）

離れて暮らす親にまつわる不安を子どもが抱くこともよくありますが、別居親と子どもとの関係がよかった場合や、状況が十分に理解できていなかったり説明がなかったりする場合はなおさら、子どもにとって喪失感が生じやすくなります。離れていても別居親とのつながりを感じられること、別居親が自分のことを気にかけてくれていると実感できることは、子どもの安心感という意味でも大切です。たとえ一時的に会えない状況があったとしても、その道筋があるとわかることで、子どもの不安が軽減されることもあるようです。

また、一人の大人のモデルという意味でも親は大切な存在です。私たちは大人になってもいろいろなことにつまずいたり失敗したりします。そういう大人としての姿、また両方の親とのかかわりを通して、子どもは成長とともにより現実的で等身大の親イメージをもちやすくなるでしょう。パートナー同士の関係に問題があっても、子どもの親としては協力しあえると子どもが知ることも、彼らにとって大きな学びとなります。

さらに、それぞれの親との関係があることで、親子の衝突を和らげる面もあるようです。親とぶつかりやすい思春期の子どもにとって、別居親との時間が気分転換や息抜きになりうるという指摘もあります（小川2018）。また、同居親からも「子どもと別居親との時間は、私のリフレッシュの時間」という声も聞かれます。ここまで至るには親同士の努力も必要ですが、一方の親だけで子どもと向き合い続けるよりも、親子双方にとってもよい面もあります。

子どもの立場にたってみる

別居親と子どもとのかかわりは、会えていればそれでいいというものではありません。4章で紹介した子どもの声にも表れているように、どのような体験をし、どのような時間であるのかといったことがかかわってきます。同居親への気配り、別居親との距離感を推し量る思いなど、子どもなりにさまざまな思いを抱いていること、親同士の葛藤に巻き込まれるなかでの交流が子どもにとって大きな心理的負担となることは、さまざまな研究でも指摘されているところです（藤田2016、直原・安藤2020など）。

別居親との交流が子どもにとって、「うれしさ」や「安堵感」といった肯定的な感情を伴う体験になるかどうかは、交流時における別居親の同居親に対する言動と、面会交流前後に子どもとかかわる同居親の別居親に対する言動の双方が関係するという結果が示されています（横山他2022）。さらに、別居親から同居親へのネガティブな言動は、子どもの「気分の落ち込み」や「父母の間の板ばさみ」といった感情に関連する傾向があるようです。別居親との交流が子どもにとって肯定的な時間になるためにも、子どもが両親間の葛藤を感じたり、伝言役にさせられたり、もう一方の親との関係を詮索されたりすることがないよう、双方の親の意識が大切なことがあらためてわかります。

また、別居親との交流と一口にいっても、子どもの年齢や状況によってもまちまちです。一般的に、子どもが小さいうちは頻繁に会っていても、思春期になると友人関係や学校生活が優先されることはよくあります。一方、普段一緒に過ごしていない親だからこそ、ちょっと相談にのってほしいということも出てくるかもしれません。成長に伴い、親子の関係も変化していくという見通しを持ちながら、子どもの気持ちに対して柔軟でいることも求められます。

理解のなさに傷つき、揺れる思い

✤子どもに会わせてもらえなくてつらい話をすると、「そんなにつらい思いをするくらいなら縁を切っちゃえばいいのに」と周りから言われることがあって。いっそのこと、そのほうが楽なんじゃないかって思ったり。本当に心が折れそうになります。（別居親）

子どもと離れていることに伴う悩みや苦しさが周囲に理解されず、親が自信を失うといった現実がみえてきます。また、子どもと別居する母親の立場からは、次のような声もありました。

✿詳しい事情を周りに話すことはあまりしないし、わからないからこそ偏見の目もあって……。意外な近い人から、「子どもをとられるってことはあなたに問題があるんじゃないの」ということを言われてすごく傷ついたこともあります。自分の気持ちをわかってほしいと思っていましたけど、経験者じゃないとわからないし、わからない人にはわからないんだなって。（別居親）

ほかにも、「離婚したんだから子どもにかかわろうとするな、と自分の両親から言われる」といった声もあります。別居親は子どもにかかわらないほうがよいという伝統的な家族観や（小田切2009）、子どもと離れている母親への「母親なのに」という偏見など、さまざまな無理解が根強くあることも、あらためて認識させられます。

✿別居親同士で話をしているときに、自分の状況をどこまで話すか、というのは結構難しいです。たとえば、全然会えなくてそれがつらい人に、「月に一回は会ってるけど、それでも全然足りない」ということは話しにくいですよね。会えていてもしんどい面があると話すと、「会えてるからそういうこと言えるんだよ」と言われてしまって。かえって自分が傷つくなあって……。（別居親）

このように、当事者同士だからこそと思って口にしたことで、かえって気まずくなったり、傷ついたりすることもあるようです。別居親と子どもとのかかわりというテーマはとても繊細で、親が安心してその

会問題・ノンフィクション

たちまち3刷!

講義　〈地理〉の誕生からポスト人間中心主義へ

景・場所・自然から地理を捉える文化地理学の歴史を跡付け,
間を見通す待望の入門書。

SBN978-4-7885-1739-4　**四六判 296 頁・定価 2970 円(税込)**

訳

ュラー　モニュメントなき都市の歴史と記憶

物や専門知に頼ることなく,その土地にありふれたモ
間から都市の歴史を読み解く試み。

N978-4-7885-1738-7　**四六判 304 頁・定価 3960 円(税込)**

究室 編

化の見つけかたと育てかた

を「かたち・ことば・おと」という地点から見直し,
文化資源という視点から見直し育てようとする。

85-1743-1　**A5判 248 +口絵 2 頁・定価 2860 円(税込)**

の観光学　COVID-19 以後の「新しい観光様式」

たコロナ禍のなかで,観光とは何かが露わになる。
など,コロナ後の観光の新しい可能性を展望。

-4-7885-1747-9　**四六判 240 頁・定価 2860 円(税込)**

原爆投下後の傷害調査にたずさわった遺伝学者の回想

委員会遺伝学部長として来日し,被曝児童の研
が鋭い観察眼で捉えた,戦後日本と庶民生活。

-6　**四六判 416 +口絵 16 頁・定価 4730 円(税込)**

族・行方不明者家族 10 年の思い

悲しみと悔恨,あふれ出る追慕と感謝。2021
賞した渾身の東日本大震災 10 年報道を書籍化。

85-1752-3　**四六判 200 頁・定価 1980 円(税込)**

補版]　ロック・ヒューム・ベンサム

,ヒューム,ベンサムたちの中にはホモ・
在していた。それを思想史に位置づける。

5-1753-0　**四六判 264 頁・定価 3300円(税込)**

最近の書評・記事から

W. J. シャル/利島 保 訳『廃墟からの歌声』

●朝日新聞(保阪正康氏)2022 年 3 月 19 日

「著者は広島,長崎の被曝者の健康調査,遺伝調査に尽力した研究者。その回顧録だが,研究成果のみにふれた書ではない。日本を理解する「心理的移行過程」を克明に著しており,稀有な日本人論でもある」**ほか「中国新聞」2022年2月21日など。**

佐藤典司・八重樫 文 監修・著/後藤 智・安藤拓生 著『デザインマネジメント論のビジョン』

●読売新聞(西成活裕氏)2022 年 5 月 1 日

「近年,デザイナーの方法論を分析し,それをビジネスに応用してイノベーションを生み出そうとするデザインマネジメントの取り組みが進んでいる。本書はその最新の研究成果をまとめたもので,様々な事例や革新的なモノを生み出すための組織作りのヒントなども記されている」

清水 亮『「予科練」戦友会の社会学』

●朝日新聞(保阪正康氏)2022年6月4日

「「集団的想像力」から戦史に迫る——。「予科練」という語には,世代によって多様な意味が持たされている。戦後社会で,この語ほど当事者の思いと相反する位置付けをされた例は少ない」

I. L. ジャニス/細江達郎 訳『集団浅慮』

●読売新聞(牧野邦昭氏)2022年8月21日

「優秀な人々が集まっているにもかかわらず愚かな意思決定が行われてしまう現象を集団浅慮(groupthink)と名付け,アメリカの政策決定の事例を用いてその要因と必要な対策を考察した社会心理学の古典の初めての完訳である。……国際秩序が危機に瀕する現在,より良い意思決定のために何が必要か,本書から学ぶことは多い」

●小社の出版物は全国の書店にてご注文頂けます。
●至急ご入用の方は,直接小社までお電話・FAXにてご連絡下さい。
●落丁本,乱丁本はお取替えいたしますので,小社までご連絡下さい。

新曜社

株式会社
新曜社

〒101-0051
東京都千代田区神田神保町3-9
電話(03)3264-4973
Fax(03)3239-2958
https://www.shin-yo-sha.co.jp/

■新刊

日本質的心理学会『質的心理学研究』編集委員会 編
発行・日本質的心理学会　発売・新曜社

質的心理学研究 第21号 2022/No.21　特集　質的研究法の拡張——機械，AI，インターネット

技術の進展は人びとの生活やリアリティを変え，研究においても新たな問いやアプローチを生むことにつながる。特集では機械，AI（ロボット），インターネットなどをツールとした4本の論考により，拡張する質的研究法を提示する。一般論文は5本掲載。

ISBN978-4-7885-1768-4　B5判192頁・定価2860円（税込）

■心理学

R. F-キーファー／望月正哉・井関龍太・川﨑惠里子 訳　*好評4刷！*

知識は身体からできている 身体化された認知の心理学

世界を理解し，概念知識を構築する上で身体的経験は必須である。身体化された認知の心理学的研究と位置づけを体系的に解説。

ISBN978-4-7885-1736-3　A5判256頁・定価2970円（税込）

工藤与志文・進藤聡彦・麻柄啓一

思考力を育む「知識操作」の心理学 活用力・問題解決力を高める「知識変形」の方法

「理解のための知識」から「思考のための知識」へ！　学校での「学び」を揺さぶり，面白くする方法を心理学の視点から提案。

ISBN978-4-7885-1754-7　四六判224頁・定価2310円（税込）

能智正博・大橋靖史 編

ソーシャル・コンストラクショニズムと対人支援の心理学 理論・研究・実践のために

〈現実〉は人びとのあいだで構築されるという考え方で対人支援の理論・研究・実践を問い直し，新たな可能性をひらくための書。

ISBN978-4-7885-1750-9　A5判328頁・定価3960円（税込）

D. パレ／能智正博・綾城初穂 監訳

協働するカウンセリングと心理療法 文化とナラティヴをめぐる臨床実践テキスト

クライエントがもつ知識と能力を最大限活用する，異文化間の協働作業としての援助に必要な態度と技法を懇切に述べた入門書。

ISBN978-4-7885-1744-8　A5判640頁・定価6820円（税込）

■教育・文化史

北本正章

子ども観と教育の歴史図像学 新しい子ども学の基礎理論のために

多産多死と少子化，遊びと労働，家族と学校など，近代の子ども観はどう変貌したか。西洋近代絵画を辿る画期的な子ども図像史。

ISBN978-4-7885-1500-0　A5判552＋口絵8頁・定価7920円（税込）

■新刊

佐藤典司・八重樫 文 監修・著／後藤 智・安藤拓生 著

デザインマネジメント論のビジョン

デザインマネジメント論をより深く学びたい人のために

デザイン思考は，組織を活性化し商品価値を高めるスキルとして，今では新入社員から経営者まで，必須の知識となっている。聞きなれないカタカナ語も多いデザインマネジメントの手法と最新理論をかみくだいて説明。デザインマネジメント活用の必携書。

ISBN978-4-7885-1766-0　四六判 264 頁・定価 2640 円（税込）

日本発達心理学会 編／高橋惠子・大野祥子・渡邊 寛 責任編集

発達科学ハンドブック 11

ジェンダーの発達科学

人は生物学的に男女に二分できないことが科学的に明らかになってきている。性別とは何か。なぜ性別で差別や不利益が生じるのか。解決のための理論・方法とは。生涯にわたる発達を解明する「発達科学」の視点からジェンダーをめぐる多様な課題に迫る。

ISBN978-4-7885-1773-8　A 5 判 316 頁・定価 4070 円（税込）

二宮祐子

保育実践へのナラティヴ・アプローチ

保育者の専門性を見いだす4つの方法

相互作用に埋め込まれた保育者の専門性をいかに見いだすか。連絡帳，クラスだより，生活画，創作劇を対象に，それぞれのナラティヴ特性をいかした方法で分析しその内実に迫る。ナラティヴ・アプローチの基礎から実践的意義までわかりやすく論じた一冊。

ISBN978-4-7885-1775-2　A 5 判 148 頁・定価 2530 円（税込）

J. W. クレスウェル・J. C. バイアス／廣瀬眞理子 訳

質的研究をはじめるための30の基礎スキル

おさえておきたい実践の手引き

質的研究者のように考えることから，研究に際しての感情的側面，リサーチクエスチョンの設定，インタビューやデータ分析のノウハウ，論文を書くプロセスまで，実践に役立つ 30 の基礎スキルを豊富な具体例とともに学ぶハンドブック。

ISBN978-4-7885-1769-1　A 5 判 432 頁・定価 5060 円（税込）

白井利明・杉村和美

ワードマップ アイデンティティ

時間と関係を生きる

私はどう生きるか？　生涯この問いに挑んだエリクソンの理論からその後の実証的な研究，アイデンティティ発達のメカニズムに切り込んだダイナミックシステム・アプローチ，自己連続性の問題まで，アイデンティティ研究の新展開を一望する見取り図。

ISBN978-4-7885-1764-6　四六判 312 頁・定価 3080 円（税込）

■新刊

倉田 剛

論証の教室〔入門編〕 インフォーマル・ロジックへの誘い

論理学は見慣れない記号や式だらけで難しそう，というイメージを一新。いざというときに論理的になることができる能力を，インフォーマル・ロジック（非形式論理学）を通して身につける，新しい教科書が誕生！　学生からビジネスマンまで必携の書。

ISBN978-4-7885-1759-2　A 5 判 336 頁・定価 2970 円（税込）

赤川 学・祐成保志 編著

社会の解読力〈歴史編〉 現在せざるものへの経路

今ここに存在しない「歴史」を現前にたぐり寄せ，その多面性を描き出す想像力こそが，実証と向かいあう歴史社会学を前にすすめる動力である——この方法論を共有する著者たちが多様な歴史テーマに挑んだ，オリジナルな研究のフォーラム。

ISBN978-4-7885-1757-8　A 5 判 248 頁・定価 3520 円（税込）

出口剛司・武田俊輔 編著

社会の解読力〈文化編〉 生成する文化からの反照

文化的事象を細部にわたり分析しながら，それがいかなる社会的背景・文脈のもとにどのような実践として生成しているのかを描き出す文化社会学。そのコンセプトのもと，多様なテーマに取り組んだ著者たちの成果を一冊に凝縮。

ISBN978-4-7885-1758-5　A 5 判 256 頁・定価 3520 円（税込）

山下晋司・狩野朋子 編

文化遺産と防災のレッスン レジリエントな観光のために

今日，地球規模での災害が頻発し，文化遺産も災害の危機にさらされている。本書は「レジリエンス」という概念に注目しながら，文化遺産，観光，防災の絡み合いをさぐる。それを通して「災害の時代」に文化遺産とともに生きることの意味を考える。

ISBN978-4-7885-1780-6　A 5 判 216 頁・定価 2750 円（税込）

庄司興吉 編著

ポストコロナの社会学へ コロナ危機・地球環境・グローバル化・新生活様式

コロナ禍が引き起こした危機は，私たちが強く身体に拘束されており，地球［環境］の影響を受けていることを改めて如実に示した。地球環境問題を生産パラダイムから総体的にとらえ直し，身体，地球，歴史，社会を接続して考える今日の社会学のための挑戦。

ISBN978-4-7885-1755-4　A 5 判 216 頁・定価 2860 円（税込）

悩みを話せる機会は決して多くないこともうかがえます。

これでいいのだろうか、この先どうなるのだろうかという不安や焦燥感、思うように子どもと会えない苦しさなど、別居親はさまざまな思いを抱えています。そうした思いを受け止め、子どものために親がしてきた選択や努力にも目を向けることが、別居親と子どもとの関係を支えるうえで大切だと感じます。

3　親同士の関係

互いに尽きない悩み

参加者に元パートナーとのかかわりについて聴くと、「せっかく離婚して離れることができたのに」「離婚後は相手との縁が切れると思ったのに」というように、戸惑いやいらだち、葛藤する思いを耳にすることもあります。

元パートナーとのかかわりについては、互いに一切かかわらないケース、かかわったとしても限定的で距離をおいて過ごしているケース、比較的良好なかかわりを維持しているケースもあります。また数年かけて関係性が変わってきたと感じる人もいます。そして、子どもと別居親との関係をサポートしたいと考える同居親もいれば、できるだけかかわりを減らしたいと思う同居親もいます。一方で、子どもとできるだけかかわりたいと思う別居親もいれば、できるだけかかわりを減らしたいと思う別居親もいます。

こうしたお互いの思いが絡みあい、子どもとのかかわりの有無、交流の時間や頻度に関する相手への希望やお互いの理解にも違いがみられます。同居親と別居親が、離婚後の子育てや子どもとのかかわりについて同じ方向性で考えている場合は、それほど大きな葛藤にはならないかもしれません。しかし、それぞれの考え方には違いがあることも多く、その場合は対立が生じ、互いの葛藤も高まりやすいようです。

面会交流は、ＤＶなど特別な事情がない限り、子どもにとって大切な権利であり、子どもを中心に考えるものです。それがこうした親の思いや親同士の関係に影響されると、かえって子どもに苦しみや負担をもたらすことになります。また、子どもを中心に考えると言っても、それぞれの親の思いが子どもとのかかわりに反映されるため、子どものための面会交流自体が難しくなることもあります。ＦＡＩＴに参加する親もこうした悩みを抱え、元パートナーとのかかわりや親子の交流について難しさややりにくさを感じているようです。親の声を聴いていると、同居親・別居親それぞれの立場ゆえの悩みや思いがあることに気づきます。

別居親がいいとこどりに見えてしまう

✤子どもが熱を出したり体調が悪くなったりすると、私が一人で対応しなければならない。父親に連絡をしても急だと断られたり、つながらなかったり。私だって仕事を調整してやっているのに。（同居親）

✤新しい生活に慣れるのにとにかく必死で。仕事に、家事に、子どもの習い事の送り迎えに、時間が足りない毎日。最初は面会交流のことまで頭が回りませんでした。（同居親）

✿子どもは父親と会うときは叱られることもないし、父親が大好き。でも、それはときどき会う関係だからできること。子どもも父親を困らせないように気を遣っている。日常生活は楽しいばかりじゃない。子どもには感情の波もあるし、それを受け止める大変さを相手はわかっていない。（同居親）

子どもの日常生活を一人で支えることの重圧や逃げ場のない感覚。余裕のないなかで子どもと日々向き合い続けているからこそ、別居親が子育ての楽しい部分にだけかかわっているように見えてしまいます。「子どものためとはわかっているけど、別居親が子どもとかかわることについて納得できない」「いいとこ取りでずるい」と割り切れない思いを話す同居親もいます。

なかには、自分の苦しさを抱えきれず、別居親への不満や自分のつらさを子どもにぶつけてしまって後悔しているという人もいました。子どもの前で一方の親を非難することは避けたほうがよいとわかっていながら、ついそうなってしまうこともあるようです。同居親の大変さやつらさを受け止めつつ、子どもの気持ちに気づいたことを大切にしたいと考えています。離婚後、働き始めたり、新しい生活を始めたりする変化のなかで、面会交流に伴う負担感も少なくないことがわかります。

✿子どもと父親がいい関係でいられるようにこれまで努力してきたのに、父親の転勤が決まり、またやりとりが難しくなる。子どもたちの予定を合わせるだけでも大変なのに、子どものためと思ってやっていることが相手の都合で簡単に崩されてしまう。子どもも今までのように父親に会えなくなると寂しくなるだろう。（同居親）

相手の都合も仕事のためとわかっても、それによって振り回されてしまう理不尽さを感じることもあるでしょう。FAITでは、そういった状況にあっても、子どもがもう一人の親とも良好な関係を育めていることは子どもにとって大切なことであり、それをサポートしている同居親たちの努力は決して無駄にならないことを共有しています。

別居親にもっと子どもにかかわってほしいと思っている同居親もいます。けれど、別居親が子どもに会える状況でなかったり、子どもに関心を向ける余裕がなかったりして、面会交流自体が難しく、同居親が一人で子育てに奮闘しているケースも少なくありません。

見えないからこそ気になる別居親

❀子どもと会えるのはうれしいけど、子どもの靴のサイズが小さくて、きちんと子どもに対応しているのか心配になります。養育費を渡しているのだから、子どもに必要なものはきちんと買い与えてほしいけど、それを言ったら子どもに会わせてもらえなくなると思うと、そんなことはとても言えなくて……。（別居親）

子どもが幼い時期は、親子の交流を続けるためにはどうしても同居親の協力と理解が必要です。そのため、別居親は同居親に対して遠慮したり気を遣ったり、言いたいことがあっても直接伝えることをあきらめたりという歯がゆさやもどかしさを感じている場合もあるようです。

✤子どもは友だちのことで悩んでいるようだけど、子どもの学校生活のことはわからないことが多い。同居親から子どもの普段の様子を聞きたいけれど、なかなか難しい。（別居親）

別居親は、同居親からもらえる限られた情報のなかから普段の子どもの様子を想像し、子どもと過ごす少ない時間のなかで子どもに合わせた対応が求められます。「ちゃんと友だちがいるのか」「子どもとのかかわりはこれでよかったのか」など、さまざまな心配や不安を感じながら、子どもと良好な関係を築こうとしていることがうかがえます。

✤特別感だけでなく日常のかかわりも、というけれど、子どもに会うのは月に一回、数時間だけって制限されちゃうと、会ったときにはいろいろしてあげたくなる。なのに、特別ばかりはよくないって言われると、そんなのわかってるよ！（別居親）

高価な買い物や特別なおでかけが続くなどの非日常的なかかわりは、一般的に子どもの日常生活とのバランスという観点などからも慎重さが求められる、というＦＡＩＴの内容を共有した際に出た声です。久しぶりだからこそ、思うように会えないからこそという、もどかしい親の気持ちがひしひしと伝わってきます。一方で、子どもにとってはうれしさとともに、ご機嫌とりをされているように感じたり、同居親の気持ちを気遣ったりする子どもがいることも指摘されています（小川 2021）。

一方で、日常的に子どものケアを担っている同居親の立場からは、子どもを甘やかさないでほしい、ものでつるようなことはやめてほしいという声も聞かれます。と同時に、「私には余裕がなくて、子どもの希望をかなえてあげられないこともあるから、別居親には普段はできない体験をさせてあげてほしい」という声もあります。子どもの気持ちやそれぞれのおかれた状況にも目を向けながら、お互いにとって居心地のよいかかわりを求めるには、やはり手探りすることも必要そうです。

そもそも面会交流をどうするか

✿子どもに会いたいと主張しないと、子どもに会わせてもらえない現状がある。争わないほうがいいというのはわかるが、でも主張しないと子どもに会えなくなるんです！（別居親）

このように、子どもに会いたいと主張しないとなかなか子どもに会えない日本の離婚制度に不満を抱えている人が少なからずいます。同居親との立場の違いが別居親に不公平感を抱かせることもあります。これまで子どもといい関係を築いてきた別居親ほど、子どもに会えない苦しみは深く、喪失感や抑うつ感も強くなりやすいようです。一方、同居親のなかには、

✿夫にはアルコールの問題があって、今までもトラブルになったことがあるんです。だから、子どもに会わせることが心配で。（同居親）

✿子どもに会ってほしいけれど、夫がまだうつっぽくて、子どもに会うことが負担になりそう。だからタイミングをみて進めていきたいんですよね……。（同居親）

面会を開始するタイミングや状況について、同居親も悩んでいることがわかります。元パートナーが精神的な不調や問題を抱えているために、子どもと面会交流させることに不安を抱いている人もいます。こうした問題がみられなくても、「幼い子どもを別居親に預けるのは心配」「そもそも子どもが会いたがらない」という声もあります。特に子どもの年齢が小さいと不安も大きくなりがちです。子育てに慣れていない親に預けることに抵抗を感じるかもしれません。

離婚前の生活で、別居親が子どもとかかわる時間が少なかったり、子育てを同居親に任せていたり、子どもとよい関係を構築できていなかったりする場合には、面会交流を進めるのが難しいという声も聞かれます。これまでの親子関係の希薄さや課題が、離婚後も継続して表れるようで、こうしたケースにおいては、子どもの様子を第三者に見守ってもらうかたちでの面会交流支援を利用している人もいます（3章コラム1参照）。

✿子どもが父親と会いたがらないときに、それを父親に伝えると、「そんなはずはない」「本心は違うんじゃないのか」と言われてしまって。私はどうしたらいいのでしょう。（同居親）

✿面会交流の後に、子どもが体調を崩したりすると、「面会したからだ」と（同居親から）責められてしまう。そのたびに面会の頻度を減らされてしまうのではないかと不安になる。（別居親）

せっかくの親子の交流ですから、子どもには楽しく過ごしてほしいものですが、始めて間もない時期などは、子どもも戸惑ったり、緊張したり、興奮したりすることがあるかもしれません。交流した後に、普段と違った様子をみせたり、体調を崩したり、今までできていたことができなくなって退行することもあるでしょう。そのようなとき、親同士の間の葛藤が高いとなおさら、お互いに相手のせいにして責めたくなることもあります。面会交流後のケアを担う同居親には同居親なりの言い分もあり、一筋縄ではいかない問題です。いずれにせよ、子どもが落ち着くよう、配慮を重ねつつ時間をかけて見守ることも求められるでしょう。

協力的な子育て・並行的な子育て

このように、離婚後の親同士の関係は子どもに大きな影響を与えます。子どもが「同居親と別居親が離婚後もつながっている」「どちらも自分を大切に思ってくれている」と認識し、安心して会える関係を作ることができれば、子どもの心理的安定や自己肯定感、そして親への信頼につながります（青木2011）。このことは子どもにとって何より大切であり、同時に、親同士の関係という点でも意味があるように思われます。そのような意識のもとに、ＦＡＩＴでは、子どもの視点だけでなく、違う立場の親の視点を意識しながら、子育てをどのように捉えていくかというテーマも扱います。具体的には、お互いの立場による悩みを共有した後で、共同子育て（コ・ペアレンティング）について一緒に考えていきます。

共同子育てには、二つの考え方があります。協力的な子育てと並行的な子育てです。協力的な子育てとは、親同士が子どもについてある程度話し合い、互いに折り合いをつけて歩みよろうとする子育ての方法です。基本的に、親同士が互いの考えを尊重しようとする姿勢で、両親の葛藤がそれほど高くない場合に適した方法といえます。つまり、お互いに葛藤があっても、それをわきにおいておこうと努力するのが特徴です。なかには、一緒に学校行事や子どもの活動にも参加して、子どものために親同士の良好な関係を保とうとすることができるケースもあります。

一方、並行的な子育ては、子育てに必要な協力やコミュニケーションで折り合いが取れない場合の方法です。親同士の葛藤が高い時期に、子どもが不安の少ない生活を送れるようにするため、会話はできるだけ子どものことに限定し、その方法もメールなどで間接的に行う工夫が示されています。

プログラムのなかでこのような共同子育ての考え方を紹介すると、「協力的な子育てができていたら離婚しないですよ」「相手が約束を守れないから離婚したんだ」といった声も出ます。ただ、こうした考え方を知っておくことは、親として、自分と元パートナーが今後、どのような関係になれるかを考える機会になりえます。実際にやりとりすることが生じた際に活かせそう、という意見もありました。

親同士のコミュニケーション

別れた二人がよりよいコミュニケーションを心がけるというのは至難の業でしょう。どうしても立場による違いが生じるので、自分の気持ちや考え、客観的な状況を適切に伝え、相手に理解してもらう一方で、相手の立場にも理解を示すことが求められます。

プログラムのなかでは、「私（I）メッセージ」のスキルなども紹介して、元パートナーとのやりとりについて考えます。「私（I）メッセージ」は、「私は～と思う／感じる」というように、「私」を主語にして自分の気持ちや感情を相手に伝える方法です。親同士とはいえ、元パートナーとのやりとりなどでは、「あなたは～」と相手を主語にすると批判的になりやすい内容も、主語を「私」にして気持ちや感情を伝えることで、衝突を避けやすくなります。

たとえば、「なんであなたはいつも時間通りに来ないの？」と責めるよりも、「私は、約束の時間を過ぎたから困っていたの」と自分の状況を伝えるほうが聞いてもらいやすいでしょう。「あなたは私の話を聞かないからもう話さない」と伝えるよりも、「私はあなたに話を聞いてもらえなくて残念に思っている」と相手に情報を伝えることで、相手も受け止めやすくなるかもしれません。

子育ての方針、二つの家のルール

親同士のやりとりのなかでも、特に難しいことの一つは、子育ての方針について話し合うことでしょう。

✿子どもと一緒にゲームを楽しみたいが、ゲーム機を買い与えてもいいかどうか悩んでいる。オンラインでつなぐことができれば、直接会えないときでも、ゲームを通して一緒に遊ぶことができるかもしれないが……。

（別居親）

これに対しては、「ゲームには遊ぶ際のルールも必要だし、最初からオンラインでつながることを教えるのは不安もある。同居親も自分の家には持ち込んでほしくないかもしれない」「まずは別居親が自分の家で遊ぶものであれば買い与えてもよいと思う」「いずれにせよ、年齢に応じたゲームの取り扱いを考えていくといいのではないか」といった意見が同居親から出てくることもあります。

このように、立場によって異なる意見が共有されることも、同居親、別居親が混合するグループならではの利点です。異なる立場の考えを聞くことで、相手の立場に対する考えが深まることもあります。また同時に、どんな伝え方をしたら、受け入れてもらえそうかなども一緒に話し合います。

子どもが成長していくうえで、子育ての方針の違いについて悩むことも増えてくることでしょう。二つの家でのルールやしつけといった子育ての基本的なところは、子どものためにできるかぎり一貫性を心がけることが大切です。しかし、なかなかお互いの方針を一致させることが難しいこともあります。その場合には、それぞれの考えを尊重しながら二つのルールで柔軟に考えていくこともあります。子どもは、同居親とのルール、別居親とのルールというかたちで、それぞれの家のルールを学んでいくことになります。

ただし、子どもに不登校、非行などの問題行動が生じている場合は、親としてどうするかの話し合いや対応が求められることもあるでしょう。とはいえ、別れて暮らす親同士が、子どもの具体的な問題を共有すること自体、容易なことではありません。互いに批判的にならないように歩みよることが難しい場合もあるでしょう。まずは子どもの気持ちを理解するために、地域における相談機関など、専門的な力を借りてみることも必要かもしれません。

現実はそんなに簡単にはいかない

よいコミュニケーションを心がけても、元パートナーとのコミュニケーションには難しさを感じると語る人もいます。同居親のなかには、子どもが成長し別居親とも良好な関係が続いているので、自分が直接やりとりをするより、子どもに任せているという人もいました。また他にも、相手からのメッセージがよりを戻そうとする内容で、返事に困ってしまうという悩みもありました。

一方、別居親のなかには、こんなふうに話す人もいました。

✤相手に送る感謝の気持ちや肯定的な表現を、携帯電話のメモ機能にいくつか保存して、メールを送るときに選んで使っています。毎回考えていると気持ちの負担が大きいので、こうすることで、日々のやりとりの負担が軽くなって楽になります。（別居親）

こうして同居親を気遣い、いろいろと工夫をしても、「メールが長すぎる」「もっと言いたいことをはっきり言ってほしい」と言われてしまうこともあるそうです。コミュニケーションは、相手の受け取り方で異なります。なかなか思うように相手に伝わらない歯がゆさを感じることは日常生活でも多々ありますが、日頃から少しずつ心がけることでお互いの関係にも変化が徐々に起こってくることもあるようです。

異なる立場の親の意見を聴いてみること

同居親・別居親の声からは、お互いにそれぞれの立場ゆえの悩みや苦しい思いを抱えていること、そうした思いが元パートナー同士で伝わりにくく、親同士の気持ちがすれ違う一因となっていることがうかがえます。またこうした声から、当事者だけで離婚後の新たな関係性を築いていくことがいかに大変か、あらためてわかります。子ども、同居親、別居親、それぞれの思いに寄り添いながら、中立的な立場で家族をサポートする人の存在が求められることもあるでしょう。

ＦＡＩＴの参加者からは、「違う立場の人の意見が聞けて、（自分の）元パートナーもそうなのかも、と考えるきっかけになった」といった声がよく出ます。元パートナー同士では感情的に受け入れられないことも、少し距離をおいた他者の意見として聴くことで、元パートナーである相手側の気持ちを理解するきっかけになりえます。これもグループならではの利点です。

元パートナーの言葉をすぐに受け入れることはできなくても、「相手の考えにも一理あるな」とか、「そういう見方もあるな」と思えば、相手とのかかわりにも変化が起こるかもしれません。少しだけ自分から譲歩して、子どものためにできそうなことを一歩進めていくことで、よりよい関係が築ける可能性が出てきます。

一方で、離婚による傷つきに苦しみ、相手への怒りが強い場合には、異なる立場からの意見を聞くのがまだしんどいこともあります。そうした時には、むしろ同じ立場の親からの「私もそういう時期があったよ」「今はしんどいときだよね」というような言葉が支えになることもあります。

ファシリテーターも、苦しんでいる親に寄り添ってサポートしたいと思っていますが、プログラムのなかでは両方の立場に耳を傾ける公平な姿勢も求められます。そのため、どこまで個人に寄り添って聴くべきか、判断が難しく実際に悩まされることもあります。プログラム中、十分に対応できなかった時には、プログラム後、個別に声をかけたりしてフォローするように心がけています。

これからの親子関係のために

✤最初の頃は、相手への怒りもあって、すべての内容が頭に入ったとは言えなかった。でも、回数を重ねるごとに自分が冷静でいられるようになっていることに気づき、毎回自分の気持ちの変化を確認している。（別居親）

✤母親が子どもを連れ去った直後は、自分も頭にきて「すぐに再婚して新しい家族を作ってやる！」なんて言ってしまった。あれはまずかった、と今ならわかるけど。（別居親）

このようにＦＡＩＴに複数回参加し、自分の変化を話してくれる参加者もいます。離婚後の時期によって、元パートナーに対する気持ちにも変化が生じてくるようです。折々に、自分自身を振り返ることで、元パートナーとのかかわりに新しい見方や理解が生まれることもあるかもしれません。

✤自分の判断が子どものためになっているか、自分のエゴになっていないか考えるようになった。（同居親）

✤相手を変えようとしていたけど、まずは自分のコミュニケーションをもっと工夫してみよう。（別居親）

❀子どもに会いたいけれど、子どもへの接し方に自信がない自分に気づいた。（別居親）

このように、自分の気持ちを言葉にし、振り返る中で、相手は変えられないかもしれないが、自分ができそうなことがあるかもしれないと気づくこともあります（大西他2022）。本章1節で紹介した自己分化という考え方は、対人間においても大切な概念で、親同士のやりとりにおいても役立つ面があります。

対人間で自己分化について考える際は、個人が家族や他者の期待・影響力から自立している状態を意味します。自己分化度の低い人は自己と他者の区別がつきにくく、他者の意見に影響されやすかったり、逆に他者の意見を全く聞き入れなかったりするといった極端な言動をとりがちです（平木他2019）。

一方、自己分化度が高ければ、感情と知性の両方をある程度うまく使い分けることができるので、人間関係に問題が生じても、お互いの気持ちを確かめあいながら、冷静に考えたり対応したりすることができます。親同士の間に良好な関係を構築するためには、やはり自己分化を高めていく努力も求められるといえるでしょう。

何より、将来の子どものために

別れた親同士が協力的な子育てなんて、関係を解消したいと思うほどの葛藤を経験して別れたのに到底無理、と思うのは当然のことでしょう。でも、もしお互いに少しずつの努力を積み重ねていくことができれば、それは将来の子どもにとって大きな力となりえます。面会交流はあくまでも、子どもが親からの愛情を受け取るための大切な時間です。顔を合わせたくない相手でも、子どもにとってよき親となれるようであれば、その努力は子どものためになります。そして、子どもにも親の思いが伝わります。

こうしたことを可能にするために、欧米に限らず、アジアでもさまざまな親支援の取り組みがあります。韓国では、ある一定の熟慮期間を設けて、その間に子どもの視点を踏まえた親ガイダンスを義務づけています。またインターネット上の動画を使って離婚する親に情報を提供しています（韓国最高裁判所 2019）。韓国だけでなく、シンガポールでも離婚専門支援所（Divorce Support Specialist Agency）が中心となって離婚後の家族への支援体制が整備されています。

日本でも時間をかけて親同士の信頼関係を回復させていくための支援が求められており、FAITもその一つです。「離婚前にこういうことを知っていればよかった」「結婚する前でもいいくらい」との声もあります。参加者のなかには、プログラムの終了後、お互いに内容を共有できたらもっと話がしやすくなると感じて、自分の元パートナーにも参加してほしいと望む人もいます。しかし、「自分が相手に勧めても相手は受け入れてくれないだろう。むしろ逆効果になってしまいそう」と悩まれることもあります。

日本では参加を望む親にのみプログラムを提供しているため、両方の親に参加を促すようなシステムはありません。6章で述べるように、現在はオンラインによる実践も始めていますが、今後どのように多くの親に届けていくかも課題です。

コラム3　離婚や面会交流をめぐって両親の葛藤が高いケース

私は二〇〇四年から東京の池袋で心理臨床オフィスを個人開業しています。後述の「片親疎外」や困難になった面会交流の支援を研究テーマとしているため、離婚や面会交流をめぐって両親が激しく争った高葛藤ケースがよく相談に訪れます。

高葛藤ケースとは、一般的に、離婚や面会交流に関する争いが裁判所に持ち込まれたケースのことを指します。とくに面会交流についての争いは二〇〇〇年代に入って増加が止まらず、『司法統計年報（令和三年　家事編）』（最高裁判所事務総局2022）によると、二〇二一年の面会交流紛争の新受件数は調停と審判を合わせて一万六六三九件を数えました。これは二〇〇〇年の二七二八件と比較すると六・一倍になっています。年は違いますが二〇二〇年（確定数最新、二〇二二年末時点）の未成年の子どもがいる離婚件数は一一万一三三五件ですから、全体の約一五パーセントが面会交流を争点とした高葛藤ケース（裁判所に持ち込まれたケース）であったことがわかります。

また、葛藤は相対的に低いはずと考えられていた協議離婚においても、子どもに関する取り決めなしに離婚する両親が多数存在することが明らかになっています。『協議離婚に関する実態調査』（法務省2021a）によると、協議離婚における「面会交流の取り決めなし」は二九・〇パーセント、「養育費の取り決めなし」は二一・五パーセントでした。そして、面会交流を取り決めなかった理由の第一位は「離婚相手とかかわりたくなかった」で三七・九パーセント、同じく養育費を取り決めなかった理由の第一位も「離婚相手とかかわりたくなかった」で三八・一パーセントでした。このデータが示唆していることは、協議離婚であっても、相当な割合の両親が離婚時に激しく対立し、子どもへの配慮がなおざりになっているという実態です。協議離婚のあり方を含めて、現行の離婚制度を早急に見直すことが必要であると思われます。

さらに、両親の対立は、離婚後も「面会交流の実施なし」や「養育費の授受なし」というかたちで、子どもに直接的に影響を及ぼす場合が多いこともわかっています。『第四回(2016)子育て世帯全国調査』(労働政策研究・研修機構 2017)では、母子世帯の「面会交流の実施なし」が六八・二パーセント、「養育費の受け取りなし」は八三・九パーセントという衝撃的な結果が報告されています。日本は離婚後単独親権制度を採用していることなどから、離婚後に子どもと別居親の関係が疎遠になりやすいことは以前より指摘されています。高葛藤ケースにおける離婚後の「面会交流の実施なし」や「養育費の授受なし」が、子どもの成長や生活にどのような影響を与えるのかについて、今後研究を積み重ねていくことが求められます。

離婚後に「面会交流の実施」や「養育費の授受」に向けて支援・介入することは非常に難しいため、高葛藤ケースになる前に、一次予防として離婚後の子育て(面会交流や養育費の必要性、離婚時における子どもの心情の理解や子どもへの配慮の重要性、両親間の離婚後コミュニケーション・スキルの習得等)に関する情報提供や啓発活動を広く一般に向けて行うことが大切です。本書で紹介しているFAITは、移行期の家族(Families in Transition)をサポートする一次予防的な心理教育プログラムとして開発されています。両方の親がこうした心理教育プログラムを受講することで、関係の対立に一定の歯止めがかかり、離婚後の子育てにつながる子どもへの配慮ができるよう期待されています。

高葛藤ケースについては、いくつかの際立つ特徴を挙げることができます。第一に、いたずらに激しく相手方を攻撃して勝ち負けを争う裁判の経過を通して、両親の関係が著しく悪化している場合があります。そのようなケースでは、離婚後の「面会交流の実施」や「養育費の授受」は容易ではありません。子どもの親権をめぐって激しく対立する高葛藤ケースが後を絶たないことは、離婚後単独親権制度や支援における課題が山積していることを示しています。最近では、子どもの親権をめぐる争いを有利に進めるために行われている子連れ別居も社会問題となっています。勝ち負けを争う裁判の手続きは、離婚後の子育てについての話し合いには適していないと思われます。両親が離婚後の子育てについて建設的に話し合うために、子どもの手続代理人制度や、離婚を専門とした民間ADR（裁判外紛争解決手続）を上手に活用していただきたいと思います。インターネットで検索すると、離婚を専門とした民間ADR機関を見つけることができます。

第二に、ほとんどの高葛藤ケースで、両親間に粗野な暴言や威圧的支配（coercive control）の問題が見え隠れします。また、祖父母の過干渉や離婚の世代間連鎖も高葛藤ケースによく見られます。そうした高葛藤ケースでは、セラピーによって、無自覚な暴言や威圧的支配の問題がある両親関係、ひいては「家」に代々伝わる家族観に気づいたり、その変容を目指したりすることも大切です。両親双方が、家族や両親関係に対する認識をふりかえり、固定的な性別役割分業の意識や両親間の威圧的コミュニケーションを変化させる姿勢を持つことができれば、対立に出口が見いだされ、関係は改善していくことでしょう。

第三に、高葛藤ケースでは、両親が子どもを巻き込んで争い続ける場合があります。「子どもが面会交流を拒否しているので別居親に会わせたくない」という主張は、高葛藤ケースで定番の争点となっています。離婚前は良好な親子関係であったにもかかわらず、両親が激しく争って離婚した後に、しばらくすると子どもが別居親との交流を拒絶して、激しく悪口雑言を吐くようになってしまう「片親疎外」（parental alienation）がよく知られています（Gardner 1998, Kelly & Johnston 2001, Warshak 2010/2012, Baker 2007）。これは主に同居親が別居親に対する否定的感情を表情や態度、言動によって強く示したり、別居親の話題をタブー化したりすることで、子どもが影響を受けている状態と考えられています。こうした子どもを巻き込む行為に介入する専門家は、「片親疎外」についての知識をもつことが必要です。家族療法には「三角関係化（triangulation）・三角形化（triangling）」（Minuchin 1974, Bowen 1978）という臨床概念があります。これは二者関係が不安定になると、第三者を巻き込んで安定を試みることを指します。「片親疎外」は、世代をまたいで親子が連合し、もう一方の親を情緒的に遮断する「屈折した三角形（perverse triangle）」（Watzlawick & Haley 1977, Minuchin & Nichols 1993）と捉えることができます。「屈折した三角形」を形成する「裏切られたと感じて怒る同居親と離婚に傷ついた子どもの同盟」（Wallerstein & Kelly 1980）を的確に見立て、同居親や子どもの心情を深く理解することが支援の第一歩となるでしょう。

〔青木　聡〕

Ⅲ部

社会のなかにおける離婚

離婚という出来事は、
夫婦関係の解消とそれに伴う家族関係の変化にとどまらず、
親子を取り巻くさまざまな人や、
学校や職場、地域といった私たちが生活する環境、
そして社会や文化と影響しあっています。
ここからは、マクロな視点で離婚について考えます。

6章　親子を取り巻く環境

本章では、親子にとって身近であり、かつその存在も大きい祖父母や親戚といった多世代を含む拡大家族との関係（1節）、子どもにとって家庭に次いで大切な日常でもある学校や園という環境とのかかわり（2節）、さらに、コロナ禍の試行錯誤を経て開始したオンラインによる実践（3節）を通して、親子それぞれにとっての離婚を考えます。

1　祖父母や親戚との関係

子どもを授かった妊婦が受け取る母子健康手帳、親子健康手帳（また自治体によっては父子手帳も）になぞらえて、孫が生まれる祖父母に向けた祖父母手帳を独自に作成して配布・配信している自治体が近年、少しずつ増えているようです。世帯別の居住状況をみると三世代同居の割合は一五パーセント前後とかなり減少してきていますが（総務省2020）、少子高齢化や共働き世帯の増加を背景に、祖父母が孫を預かったり日中の世話をしたりなど、いわゆる孫育てを担うことが増えている現状があるとみられます。

離婚を経験する親子にとって、祖父母や親戚はさらに大きな意味をもつ存在となることが少なくありません。ＦＡＩＴを日本に導入する際に大きく変更した点の一つが祖父母を含めた多世代という視点でした。日本では離婚後、親が子どもを連れて実家に戻ったり実家の親が孫の面倒をみたりと、祖父母世代が直接・間接にかかわることが多々あります。公的支援の貧弱さもあり、当事者の思いとは別にかかわらざるを得ないケースも少なくありません。一方、米国のＦＩＴには多世代に関する視点がありません。ブラウン博士から、米国ではそういう話題はあまり出てこないのでピンとこない、どんな課題があるのかとても興味深げに質問されて、日米の家族観の違いや公的支援のあり方の差をあらためて実感しました。

システムとしての家族と多世代の関係

家族心理学では、家族をシステムとして捉える考え方があります。システムとは、お互いに影響を及ぼしあう、意味のあるまとまりとされています。私たちの体のなかにもたくさんのシステムがあります。たとえば、暑いときに汗をかくのは発汗作用によって体温を一定に保つシステムが働いているからです。こうしたさまざまなシステムから構成される個人、その個人が集まって構成される家族も一つのシステム、つまり、「家族システム」と考えることができます。

一つのシンプルな例として、父と母、子ども二人からなる四人家族の世帯の場合を考えてみます。この家族システムのなかには、夫婦システム、きょうだいシステムという下位（サブ）システムが存在し、互いに影響を与えあっています。さらに、この家族メンバーそれぞれが、学校や地域、職場といったより大きな上位（スープラ）システムの影響を受けます。たとえば、職場や地域が安心できる場かどうかは、家族メンバーに直接・間接にかかわります。

また、それぞれの親自身が生まれ育った実家、すなわち祖父母世代を含む原家族は、現在に至るまでさまざまな影響を与えあう存在であり、家族にとって身近な上位システムといえます。離婚を経験する家族にとって、こうした家族を取り巻くシステムとの関係も、大事な要素になってきます。

従来、日本は欧米に比べると祖父母を含む多世代の家族関係が重視されてきました。家族を対象としたカウンセリングでも、親子や夫婦の関係におけるつまずきを考えるとき、祖父母世代が抱えてきた葛藤や問題といった原家族の問題や多世代の関係を視野に入れる必要があることが報告されています（中釜2008）。離婚に至る理由には、いろいろな要因が複合的に絡みあうと考えられますが、それぞれの家族における文化や価値観の違い、原家族に由来する問題が関係することも同様に少なくないようです（藤田2014）。

また、義理の親との関係が、離婚という決断自体に影響を及ぼす場合もあるでしょう。祖父母を含む三世代同居の割合は減少している一方で、多世代や親戚を含めた拡大家族との関係は、離婚のプロセスやその後の子育てなどにもいろいろなかたちで表れてくるようです。

祖父母世代が助けになるとき、そうでないとき

離婚後に同居親が子どもを連れて実家に戻ったり実家近くで居住したりというケースは、日本ではめずらしくありません。祖父母世代との同居のない二人親世帯の母親、同居のないひとり親世帯の母親、同居のあるひとり親世帯の母親、を対象に比較した調査で、就労率や労働時間に違いはない一方、祖父母世代との同居のないひとり親世帯の母親は睡眠不足の状態にあり、心理的苦痛をより感じていること、また、主観的な健康状態の評価が低いとともに、経済的問題がよりストレス源になりやすいことなどが示されています（Kato et al. 2021）。祖父母世代と生活を共にすることで、家事育児の助け合いや、経済的サポート

が得られやすいのに対して、母子のみの世帯では、肉体的、心理的なストレスが生じやすく、社会的支援のリソースも不足しがちである現状がみえてきます。

実際、ＦＡＩＴの親グループでも、祖父母や親戚が離婚前後の頼れる相談相手だった、物心両面から離婚後の生活を支えてくれたという話はよく出ます。その一方で、離婚に対する価値観の違いや原家族とのこれまでの関係性などから、祖父母や親戚には頼れずに、友人や離婚経験者などの自分で築いたつながりを頼りに頑張ってきたという声もあります。また、祖父母や親戚は支えであると感じる一方で、その言動に傷つき、悩みや葛藤のきっかけにもなりうる存在と感じる人もいます。

祖父母世代や親戚への複雑な思い

✿離婚してから親戚の集まりがおっくうになりました。言いたくないことや聞かれたくないこともたくさんあるし、子ども連れで帰ればまだいいけど、それもできない。甥っ子姪っ子からも、○○くんはどうしていないの？　とか。親戚は助けになるようで、実は自分にとってきつい存在です。(別居親)

おじやおばなど、小さいときから自分のことをよく知っていてくれる親戚が助けになることもある一方で、昔のことを知っているがゆえに、居心地が悪かったりつらくなったり、お盆やお正月に子どもを連れて帰るのも気が引けるようになったり、という話もよく聞かれます。

✤離婚して最初のお正月。帰省しようとしたら、親から「離婚のことをまだ親戚に話していないし今年は親戚の集まりに行かなくていいんじゃない？」って。おじ、おばに会ったら離婚のこと聞かれるだろうって気が重かったけど、それより親が体裁を気にしているのがショックというか。正直傷つきましたね。（別居親）

✤二人で話しあって離婚を決めて子どもにもちゃんと話したのに、私の両親が、「子どものために何とかならないのか」「ひどい父親だ」と、孫の前でも平気で元配偶者の悪口を言ってきて。私だって言いたいことはたくさんあるけど、子どもの前ではできるだけ言わないように気をつけているのに。親の対応に参ってます。（同居親）

親同士は、ようやくここまでたどり着き、納得しつつあるのに、祖父母が離婚という選択を受け入れ難かったり、元パートナーを批判したりすることで、親や子どもが足を引っ張られるような気持ちになったり、さらに葛藤を感じたり傷ついたり、ということも起きるようです。自分自身の離婚という選択によって自分の親（祖父母）を悲しませたという申しわけなさ、経済的な支援などへの感謝とともに感じる肩身の狭さなど、親でもあり子どもでもあるという立場ゆえの声も本当にさまざまです。

また、別れたパートナーの親、つまり義理の親との関係についてもさまざまな声が聞かれます。たとえば面会交流を続けることについて、元パートナーとの間では合意ができていて何とか継続しているのに、義理の親がそれを快く思っておらず、折に触れて子ども（孫）に、「無理して会わなくてもいい」と言うために、そのたびに同居親が揺れるといったことに悩む別居親もいます。自分の親であればまだ意見することもできますが、別れたパートナーの親の存在や孫とのかかわりとなるとまた別です。このように、三世代の関係にまつわる悩みや葛藤は、さらに複雑な意味を帯びてきます。

祖父母世代の複雑な思い

祖父母への複雑な思いの一方で、祖父母世代の複雑な思いがみえてくる話題が出ることもあります。

✿子どもも会いたがっているので母親には月に一回会わせています。うれしそうだし必要かなと思うので自分も何とか頑張っているというか。でも私の母（祖母）は、無理して会わせなくてもいい、子どもにも里心がつくから、と。子どもが母親に会った日は、帰るとすぐ「何をしたか何を話したのか」とか根掘り葉掘り聞くので、子どもも遠慮するのか、だんだん笑顔が消えてしまって。（同居親）

「夫婦の別れは親子の別れではないと何度言っても、祖父母世代は気持ちのうえでは割り切れないみたいで大変」など、祖父母世代の思いもさまざまなようです。こうした祖父母の姿に対して以下のような声も聞かれました。

✿祖父母からすると、離婚相手っていうのはかわいい大切な自分の娘／息子を傷つけた人間で、かわいいかわいい孫のことも傷つけた人間なんですよね。そうやって二重に憎い相手だから、当事者である自分たち以上に冷静になれないのかなって。（同居親）

確かにそうかもしれない、と一同深く納得し、親子それぞれにとって大きな存在でもある祖父母の立場や気持ちにあらためて思いをはせることとなりました。別居や離婚をめぐるやりとりのなかで、元夫婦間の葛藤が、各々の原家族を含んだ葛藤に発展することもめずらしくありません。そのなかで、祖父母や親戚といった周囲の人が、当事者以上に離婚相手や相手家族への不信感や悪感情を募らせ、結果的に、子ども（孫）との交流も含めてすべて関係を解消してほしいと願うのは、致し方ないことなのかもしれません。また、一番の当事者として頑張っている子育て中の娘や息子、その親子を見守るのも並大抵なことではないでしょう。

一方で、実践開始当時の親グループで、「祖父母世代にこそ、こうした情報を知ってほしい」「うちの親にもＦＡＩＴに参加してほしい」という声が多々出たのも実際です。そこで、参加者の意見をもとに、プログラムのなかに祖父母世代に向けた内容を新たに加え、親子が支えられること、特に孫世代にあたる子どもにとっての親の離婚を中心にしながら、祖父母へのメッセージを考えました。その内容を紹介する前に、子どもから見た祖父母や親戚との関係についても触れておきましょう。

子どもからみた祖父母・親戚との関係

言うまでもなく、子どもにとっても祖父母や親戚との関係はとても大切です。特に祖父母と孫の関係は、離れていても気持ちは近く、親子関係とはまた異なる面もあります。また、小さいときに一緒に遊んだいとこや、おじさんやおばさんといった親戚との思い出もあるかもしれません。これらの関係を子どもが失うことは、親世代とはまた異なる喪失体験であると想像できます。

家族社会学の視点から、ステップファミリー（本章コラム4参照）を中心に多様な家族のありようについて研究している野沢慎司《のざわしんじ》と菊地真理《きくちまり》（2021）は、離婚や再婚によって、子どもにつながる関係が切れるのではなく、別居親やその親族との交流を含めた複数の世帯にまたがる関係が維持される家族を「連鎖・拡張するネットワーク型」と称しています。一方、離婚後にひとり親との関係のみが残され、その親が再婚した場合、初婚家族同様、父母一人ずつの家族を新たに再建し、もう一人の実親の存在を含めないようにする家族を「スクラップ&ビルド型」と称しています。両者を比べるとネットワーク型の家族のほうが、子どもをとりまく大人も多く存在することで、それだけ情緒的・経済的サポートの提供源が豊かであり、子どもを中心においた家族観であると指摘しています。そこに至るまでの関係性にもよりますが、自分のことを大切に思ったり見守ったりしてくれる人がより多く存在し、祖父母や親戚とのつながりが保たれることは、私たち大人が想像する以上に、子どもにとって意味があるのではないでしょうか。

こうした祖父母を含めた関係に対する子ども（孫）の声もいろいろです。

✤父方・母方どちらの祖父母とも会えているけど、どっちかだけに偏りすぎないようバランスをとるようにしている。それでもあっちばっかりじゃないとか言われるけど。（大学生）

「（母方の）おじいちゃんの前でパパと会ったときの話をしたら、急に不機嫌になって聞きたくないって。だから自分からは話さない」など、複数の関係のはざまに立つ子どもたちの複雑な思いが見えてきます。

祖父母・親戚に望むこと

よかれと思って言ってくれているのはわかるけど、それがかえって重荷になったり傷ついたりという親世代。家族や親戚の複雑な関係のなかでバランスをとろうとして気を遣う子ども（孫）たち。そうした声を受け、FAITでは、孫からのメッセージというかたちで「おじいちゃん、おばあちゃんへ」という内容を新たに盛り込みました。主なポイントを紹介します。

- 私にはお父さんとお母さんの両方が大切。だからお父さん／お母さんの悪口を私の前で言わないで。
- 父方のおじいちゃんとおばあちゃんも、母方のおじいちゃんとおばあちゃんも、どちらもとても大切なんだ。
- できれば、お父さんとお母さんの両方に会いたいの。
- お父さんとお母さんが離婚したからって、「かわいそう」と言わないで。
- 面会交流の後、あれこれどうだったか聞かないでほしいな。

こうした内容は、すべての子どもにとって同じとは限らず、家族の状況や子どもの成長とともに変化することは、これまで述べたことと同様です。ただ、どちらの親ともつながりのある子どもにとって、片方を悪く言われることは自分の一部を否定されるような気持ちになったり、板ばさみや葛藤を感じることにもつながったりしやすく、そのことで子どもが苦しむことは避けなくてはなりません。子ども自身が親への不満を自分が言うのと、人に言われるのでは（それがたとえ祖父母であっても）全く意味あいが違うことを、世代を超えて、親子を取り巻く周りの大人も知っておく必要があるだろうという思いで加えた内容です。

子どもや孫が大切で気になるからこそ、自身の価値観をいったんわきにおいて、それぞれの体験や気持ちに思いをはせること、親子の選択を見守り、必要かつ可能なときは手を差し伸べ、耳を傾けること。三世代や拡大家族の関係のなかにおいても、こうしたまなざしが、結果的に親子のこれからにつながっていくのではないでしょうか。

2　子どもが生活する場としての園・学校

親の離婚と、子どもにとっての園・学校

子どもたちが一日のうち長い時間を過ごし、またそこでの体験に大きな影響を受ける幼稚園・保育所、学校は、子どもの育ちにおいてとても大切な場所です。生活する場としての幼稚園・保育所、そして学校は、それ自体で一つのまとまった集団でありながら、いろいろな立場の人から構成されています。学校であれば、校長先生、担任、養護教諭、部活や教科の先生など、子どもたちは生徒として、縦にも斜めにもさまざまな距離関係の大人の先生と付きあいます。同時に子どもたちの間でも、同級生や先輩後輩といった複数の立場で、幼児にとっては幼稚園や保育所の異年齢を含む子どもたち、また園長先生や担任保育者などの大人とかかわりあうことになります。

また、家庭によっては転居せざるを得ず、子どもも転園・転校を余儀なくされることもままあります。同じ園・学校に通い続ける場合でも、姓の変更があった場合には、それをいつどのように公表するのかといった課題が起こり、子どももまた、学校生活と離婚を切り離したままではいられません。たとえ幼児で

あっても、姓が変わることは子どもなりにわかっているもので、子どもにどのように伝えていくかということに頭を悩ませる家庭も多いと感じます。また家族が参加する園や学校の行事で、片方の親しか参加しないことを気にする子どもや、親が別れたことをクラスメイトや部活の仲間になんて言おうか悩む子どももいることでしょう。

親の離婚を経験する子どもが一年に二〇万人近くいることを考えると、クラスのなかに離婚を経験する子どもが複数いることのほうが普通といってもいいでしょう。先生にとっても、園児や児童・生徒が離婚後の生活で困りごとを抱えたとき、他の子どもたちに離婚について説明が必要になったときなど、さまざまな場面で離婚というテーマに遭遇することが想像されます。

また、家族のかたちが大きく変わるなかで、園や学校での友だち関係など横のつながり、親とはまた違う先生との縦のつながりが支えになることがあります。園長・校長先生や保健室の先生、あるいは少し離れた立場の先生だからこそ言えることがあるかもしれません。何かあったときに、親だけでなく、話してもよいかもと思える存在が複数いることは、子どもが離婚後の生活に適応するうえでとても大きな役割を果たします。

園や学校現場から垣間見える子どもの姿

親の離婚を経験しさまざまな変化のなかで不安や困りごとを抱えたとき、子どもはいろいろなかたちでその変化や不調を訴えることがあります。幼稚園や学校に行こうとすると体調が悪くなる、といった身体面の不調がはじめに浮かび上がることもあれば、授業に集中できない、成績が下がってきたといった学業面での変化から、子どもの様子の違いに気づくこともあるかもしれません。忘れ物が増えた、身だしなみが整わなくなってきたといった生活面での変化、あるいは友だちとの衝突が増えた、荒れた行動が目立つようになったなど、一見すると問題行動のようなかたちで表れることもあります。また離婚から時間が経過していても、たとえば進路を考えるにあたって、あらためてひとり親であることに直面する子どももいます。

このように園や学校といった集団生活における姿に変化がみられると、家での世話が足りないのではないか、ひとり親になった分だけ親が愛情深く細かく見てくれたらよいのに、など家庭でのケアの不足と捉えられることもあるかもしれません。とはいえ、園や学校は、子どもにとっては家庭の次に長い時間を過ごす場所ですから、家から離れて息抜きやストレス発散の場となる可能性もあれば、存在の大きさゆえに、一見問題行動のようなかたちで困りごとが表出されることもあることでしょう。

しかしながら、このような傾向を押さえる一方で、離婚家庭だから大変だろう、問題があるだろうと、子どもの問題を離婚家庭に拙速に結びつけないことの大切さもあらためて実感されます。

✿学校で起こった問題を、すべて離婚のせいだとかたづけられてしまった。子どもの発達過程で生じていることかもしれないし、学校や友だちからの影響もあるように見えるのに。みなさんはどうですか？（同居親）

親からこのような悩みが投げかけられ、「実はうちも」と同じような悩みが話されることもあります。子どもや家族がなにか困難を抱えたとき、どこまでが離婚の影響なのか、どこからが成長過程で起こりえる問題なのか、原因は一つでないことも多く、単純に捉えることは難しいものです。たとえば不登校などは、なぜ学校に行けないのか明確な理由が本人にも周りにもわからないことも多く、長期的な様相を呈する傾向もあります。背景には複数の要因が絡みあっていることが想像されますが、親は、子ども自身の課題だけではないかもしれない、もしかすると離婚したせいだろうかと自身を責めてしまうこともあります。

子どもの集団生活ではさまざまな困難が起こるものですが、離婚を経験した家庭では、子どもと親の課題を切り分けることが特に難しく、子どもだけでなく親にとっても自責の念を強めるものとなりがちです。その難しさを共有しながら、今できることは何かを共に考えていく機会をもつことが重要です。

園や学校での相談

園や学校という集団生活の場では、担任の先生、養護教諭、スクールカウンセラーや巡回相談員など、さまざまな相談担当者がいます。こうした先生に子どもや親から離婚にまつわる話が打ち明けられることがあります。学校という日常生活の場では、保健室は教室と異なる機能を持っており、子どもの居場所であり、生活や学習の場としても機能しています（石隈2002）。なんとなくの不調を理由に保健室へふらりときて、ぽつぽつと話をして戻っていく子どももいるでしょう。一見、雑談のような話から次第に困っていることがかたちを見せ始め、養護教諭が子どもの心身の不調に気づき、他の教員と情報交換した結果、相談担当教諭やスクールカウンセラーなどへの相談につながることが多くあります。

最近では、多くの学校でスクールカウンセラー（SC）やスクールソーシャルワーカー（SSW）が配置されるようになりました。同じ学校という場にありながら、他の先生たちとは少し違った立ち位置で児童生徒にかかわることになります。学習やその評価には携わらない場合が多いので、同じ子どもでも教室とは異なる姿を見せることも多く、必要に応じて教員や保護者が同席することもあります。特にSCなどは、学校のなかでは時間と立場に制約がありながらも、子どもだけでなく時に保護者ともかかわりを持ちながら、離婚をめぐって揺らぐ家族を支えることが期待されることも多いでしょう（野口2006）。

離婚という出来事は家庭のなかで起こることですが、子どもにとっては園や学校の生活もその地続きとなっており、家庭と相互に大きく影響を受けあいます。その子ども自身の家庭の状況や心身の状況を把握すると同時に、生活の場のなかで、その子どもを取り巻く関係はどのようなものか、そしてそれらが家庭をはじめとする周囲の環境とどのように相互に影響を受けあって変化しているか、という、個人と環境両方の視点から子どもを捉えることができると、より子どもがおかれている状況や体験への理解が深まるかもしれません。

また相談は、子どもと離婚について直接話しあうかたちには留まりません。特に学校における心理支援では、子どもが伸びやかに振る舞うことができ、一人ひとりの個性やありようが尊重されるような「居場所」や支援関係をうまく作ることができるかどうかが大きな鍵になります（藤田2020）。子どもの体験や気持ちをノーマライズしながら、いろいろな気持ちとどう付きあっていくか一緒に考えたり、必要に応じて外の機関とつながりを作ったり、あるいは子ども本人に会わなくても相談担当の先生がコンサルテーションのなかで離婚にまつわる知識を共有して間接的に支援したりなど、多様な切り口から離婚を経験する子どもと家族を支援することが、子どもが育つ場としての園・学校生活を支えることにつながります。

児童・生徒に親の離婚を切り出されたら

親の離婚をめぐって、その事実や気持ちについて、児童や生徒からいざ打ち明けられると、なんと返せばいいのか、どんなアドバイスをすればいいのか戸惑うこともあるでしょう。子どもが離婚をめぐる話や気持ちを打ち明けるとき、具体的なアドバイスを求めている場合ももちろんありますが、多くは自分の気持ちをどのように扱っていいかわからないなかで、誰かに打ち明けることでその気持ちを外に出してみるという一つの試みであるとみることができます。

しかし、ふいに離婚を知らされると、気遣いから腫れものに触るかのように対応してしまうこともあるでしょうし、そうすると子どもの方も敏感に察したり、気を遣われることを避けたりして、かえって次の相談の機会を遠ざけてしまうことにもなりかねません。日頃から先生や周囲の大人が、ひとり親だから大変に違いない、寂しいはずだ、といった離婚に対する先入観をもたず、中立的な立場で接していると、子どもは、話したいと思ったら話してもよいのだと感じることができます。

子どもに親の離婚を切り出されたとき、個々の状況に具体的な解決策を提示するのは難しくても、自分の気持ちを扱うヒントは一緒に考えることができるかもしれません。大人であっても、ストレスが溜まっていると感じるときには、好きな映画や音楽に触れたり、何かを読んだり、深呼吸をしてみたり、誰かととりとめもない会話をしてみたりして解消を試みます。子どもが気持ちを持て余したときも、どんなふうにその気持ちと付きあってみるかを一緒に考えることは、子どもの適応する力を支えることにつながります。そしてなにより、持て余した気持ちを外に出してみたら、受け止めようとしてくれる大人がいたという経験は、子どもがまたその先も困ったときに誰かに相談してみようという力の種を植えることになります。

子どもが生活するネットワークのなかで支える

離婚によって家族が大きく変わるときに、子どもにとって大切な園や学校が変わらない場として存在すること、あるいは転校などで環境が変化しても、家庭の次に支えとなる場であることは、子どもが育っていくうえで大きな支えとなります。またこのように考えると、離婚を経験した親子とかかわる大人は園や学校にとどまらないことにあらためて気づかされます。親や近しい先生には言えなかったけど、友だちのお母さんにならぽろりと胸の内を打ち明けられた、と話す子どももいれば、ママ友といわれるような保護者同士の関係のなかで離婚について話を聞いてもらって支えられた、と話す親もいます。離婚によって引っ越しや転校を余儀なくされた家族にとっては、新たな地域のコミュニティ、そして人間関係のなかに入っていくことは時として骨の折れる作業になりますが、幼稚園・保育所、学校といった場所が、その入り口の役割を果たしてくれることは多いでしょう。

そして直接つながっている縦の関係ではなく、たとえば友だちの親やママ友といった少し離れた斜めの関係だから言えることがある、という経験は、離婚という話題に限らず体験したことがある人も多いのではないでしょうか。3章でみたように、子どもにとっても、親の離婚は長く付きあうテーマになります。たとえば自分の小さいころを知ってくれている友だちやその親がいること、そのなかではあるがままの素の自分でいられると感じられる人がいることは、子どもの育ちを長期的に支えてくれることとなります。

子どものいる家族は、親子それぞれ、園や学校、職場、そして地域活動などを窓口としながら、地域コミュニティと相互につながりあって生活をしています。家庭の外にある園や学校、地域の大人たちによるネットワークが子どもをゆるやかにとりまき、「いざというとき、複数の大人が話を聴いてくれる、見守ってくれている」と子ども自身が感じられればと願ってやみません。

3　オンラインによるプログラム実践

コロナ禍における社会の変化

新型コロナウイルス感染拡大により、私たちの生活は大きく変わりました。ウィズコロナに移行しつつあるとはいえ、地域を超えて移動すること、人と自由にふれあうことが制限される状況が長く続き、その状況は家族関係にも大きな影響を及ぼしています。家にいる時間が増えて家族の絆が深まったと実感する人がいる一方で、家のなかにとどまらざるを得ないことで閉塞感を覚えたり、外に出られないことで息苦しく感じたり、家族間の葛藤が増えたり、という状況も非常に多く起こっています。令和三年版厚生労働白書でも、コロナ禍によって女性や子どもへのネガティブな影響が強く出ていることも指摘されています。ステイホームにより、児童虐待やDVの相談件数が大幅に増加したり、逃げ場がなくなった若者や女性の自殺が増加したりするなど、痛ましい報告も多くあります（厚生労働省 2021a）。精神科医の斎藤環《さいとうたまき》は、虐待やDVが急増した背景には「密着した家族関係」と「家族や個人の孤立化」があるとして、家族間が平等でなくヒエラルキーがある場合には、家族が密になることで関係が悪化しやすくなると指摘しています（斎藤 2021）。このような問題を予防するためには、対話することが大切で、家庭内で適切な対話を行うためにはある程度の心理的距離（家庭内のソーシャルディスタンス）が重要であると論じています。しかし、居住空間が広くない、互いに余裕がないなどの理由で、コミュニケーションの悪循環を断ち切ることが難しい状況が少なくないことも想像に難くありません。

また、離れて暮らす家族と会える機会が激減したという人も多いでしょう。離婚を経験している場合、このような影響が大きくなりやすいと考えられます。たとえば、離婚後の家族においても、コロナ禍が要因となって経済的に逼迫し養育費の支払いが滞ったり、離れて暮らす親と会うことが難しくなったり会う頻度が減ったりするという状況が多く起こっています。コロナ禍によって離婚後の家族の交流のあり方は大きく変わり、直接会う以外の代替の手段が提案されるようにもなりました（法務省 n.d.）。

ひとり親家庭における経済的困窮も大きな問題です。収入が激減して、日々どうやって食べていくか頭を悩ませるシングル家庭のニュースもよく目にします。子ども食堂やフードバンクといった取り組みも行われていますが、それも十分とはいいがたい状況です。保育園や学校の休園・休校への対応も大変です。祖父母世代など周囲の力も借りられない場合、子どもが休園・休校になることで親が仕事を休まざるを得ず収入がさらに減ってしまったり、親が感染してしまっても子どもをどこにも預けられなかったりするなど、今まで何とか回していた生活が回らなくなってしまったという事態も起こっています。コロナによって、社会的な格差がさらに広がってしまったという実感は多くの人たちが持っているところです。

オンラインコミュニケーションの浸透

コロナ禍ではオンラインによるコミュニケーションが広く浸透するようになりました。面会交流においいても、オンラインが新しい選択肢として出てきました（法務省n.d.、家庭問題情報センター2020、横山2021など）。相談場面でも、直接会いづらい状況でいかに支援を継続するかという観点から、SNSやビデオ通話システムを使ったオンライン面接が取り入れられるようになりました。オンラインを活用することで、地域を超えてつながることが可能になり、支援の選択肢・バリエーションも増えています。

そのなかで、「FAITもオンラインで受けられるようにしたほうがいいのでは」という意見はすぐに出てきました。コロナ禍以前から、「参加したいけど開催場所が遠くて難しい」という人に届けるためにはどうしたらいいいか、というのは大きなテーマでした。ただ、研究会ではオンラインミーティングを定期的に行っていたため、オンラインへのなじみがある一方で、「離婚というとてもデリケートでかつ葛藤が高いテーマをオンラインによる取り組みで扱っていけるのか」という迷いや心配もありました。話し合いの結果、対面実践における注意点に一つひとつ配慮していくことができればオンラインでもやっていけるかもしれない、動いてみようということになりました。

オンラインFAITの開始まで

まずは、FAIT参加経験者、支援にも携わっていて研修などで概要を知っているという人を対象として、オンラインFAITを試行実践することにしました（曽山他2021）。研究として公表していくためには、倫理的配慮が十分になされていることを事前に研究倫理委員会（多くは大学内にある）に申請し、許可を得る手続きが必要です。その過程で「そうだ、ここも考えておかなくては」と見えてくることが多くありました。

たとえば、実践と研究の説明書や同意書には、対面実践時に説明していた内容に加えて「オンラインだからこそ」の内容（オンラインに接続できない・通信できないなどのトラブルが起こりうる可能性や、通信容量の目安、セキュリティ面での説明など）も盛り込む必要がありました。直接会えないので、文書を事前に郵送し、同意書は返送してもらうことにしました。顔が見えないやりとりが多くなりがちな分、文書を送る際の添え状や切手をかわいいものにするといった工夫もしてみました。「これで本当に大丈夫？」と心配になりながらの試行実践でしたが、参加者のとてもあたたかくかつ率直なコメントにより、オンラインでも実施できそうだという手応えを感じることができました。

試行実践からみえてきたこと

試行実践では、オンラインならではのよさと難しさも明らかになってきました。よさとして、「家などの慣れた場所から入れるから安心して参加できた」「つらくなったらすぐその場を離れられる」というのは大きい。いざとなったら『退室』ボタンを押せばいいんだと思うと気は楽だった」といった声がありました。離婚というセンシティブなテーマに臨むにあたって、参加者も、ファシリテーターが思っている以上に緊張していたり、不安を覚えていたりするのだと実感する意見でした。また、ファシリテーター、参加者ともに通信状況が安定していれば、プログラム自体は滞りなく進められることがわかりました。参加者のフィードバックからも、プログラムの内容を理解するという意味ではオンラインでも対面と遜色がないこともみえてきました。

一方で、オンラインだからこそ注意が必要なこともいくつか出てきました。事前準備としては「プログラムの前に参加者と事前面談をしておいてほしい」という声がありました。離婚は個人的な状況や意見もまちまちなので、参加者同士の意見の相違によってお互いが傷ついてしまうことを防ぐためにも、グループ参加が可能かどうか見極めておくことも大切であるという指摘に深く納得しました。対面実践時にも電話などで事前の状況確認は行っていましたが、オンラインでは事前のやりとりがより重要であること、それによって参加者一人ひとりがより安心してプログラムに臨めるようになることを実感しました。

プログラム実施においては、参加者同士で知り合っていくという場面で難しさがあるようでした。対面だと、その人のたたずまいや雰囲気、さりげない雑談やすれ違ったときの立ち居振る舞いなどから伝わってくるものも多くありますが、画面上だけで初めて出会う場合には、そのあたりが伝わりづらく、よりていねいな自己紹介やアイスブレイクの時間が必要であると感じられました。

終わり方についても大切な指摘がありました。「オンラインだと突然プツッと終わってしまうから、終了後の寂しさが倍増する」という意見から、終わり方について、あれこれ自由トークをしてみました。「オンラインは雑談がしづらくて物足りない」「もう少し楽しい、遊びみたいなアクティビティがあるといいかも」というなかで出てきたのがホワイトボード機能を使って、みんなで絵を描くという時間です。ホワイトボード画面を共有することで参加者それぞれがそこに絵や字を書いたりすることができます。実際にやってみると、同じ画面を共有している感覚がありつつ、お互いの描くタイミングがずれたり、線がゆがんだりして、思わず笑ってしまうようなおもしろさがありました。スタンプ機能を使えば、絵が苦手な人でも安心して参加できるので、リラックスした楽しいひとときとなりました。

このように遊びの要素を取り入れることで場が和み話が弾みやすくなることから、こうした時間を意図的に設定したほうがよいことも実感しました。また、先述の通り、終わり方もいきなり終了するのではなく、談笑の時間をもちつつ徐々に日常生活に戻っていけるようなプロセスが必要だという大切な視点も得られました。これらの経験をもとに、二〇二一年からオンラインでも本格的な実践をスタートさせました。

オンラインならではの難しさと工夫

試行実践でさまざまな場面を想定してはいましたが、いざ本格的なオンライン実践を始めると、思ってもみなかったトラブルが発生するようになりました。どうしても音が出なかったり聞こえなかったり、通信状況が悪く画面がフリーズしたり……。特に事前面談でこうしたトラブルが起こりやすく、あきらめて電話でやりとりすることもたびたびあります。事前に起こりやすいトラブルの例を参加者に伝えておくことで、参加者自身が設定を確認し直したり、通信環境がいい場所から参加できるよう工夫したりするようになりました。使用するデバイスも、参加者によってさまざまです。事前にスマートフォン、タブレット、PCなど何を使って参加予定か確認することで、「今回はスマートフォンで参加の人が多いから、画面共有はできるだけ少なくしよう」などとあらかじめ方針を立てられるようになりました。また、プライバシー確保のために、駐車中の車内から参加される方も一定数いることがわかりました。

このように、参加される方の状況もさまざまであるため、対面と比べて「場の共有」「雰囲気の共有」まで至ることが難しく感じられることもあります。特に通信状況が安定しない場合には、適切なタイミングでのやりとりが難しく、せめて内容だけは伝えようと一生懸命になってしまい、うまく話を聴けず反省が残ることもありました。対面の場合は、視線や身体の動きや空気感で、発言しようとしているのか迷っているのかなんとなくわかるのですが、オンラインの場合はそれがとても難しく、話そうか、やめておこうか、どうしようか、といった迷いや、細やかな表情の変化をうまくすくいとれていないような感覚はどうしても残ります。

さらに、「どうですか？ と言われても話していいのかどうかわからない」という声を受け、ファシリテーター側から「～さんどうですか？」と少しリードするように心がけています。事前面談やグループの始まる前にもそのことを伝え、「パスしたいときは遠慮なく言ってください」と、発言は任意であることも強調して伝えています。また、オンラインだと複数人で同時にやりとりすることが難しいため、「Aさんは～とのことですが、Bさんはどうですか？」とファシリテーターがつなぐ役割をとることを意識しています。これによって、参加者もコミュニケーションがとりやすいためか、参加者間で質問しあったり、他の人のコメントに触発されて話が弾みやすくなったりする場面も増えてきました。雰囲気を感じづらいからこその難しさはありつつも、「参加型」であることの良さも保ちながら実践できているという手応えも感じられるようになってきました。プログラム前後のメールや同意書のやりとり、オンラインの接続確認を兼ねた事前面談、協力くださる方には後日インタビュー調査を行うといったプログラム外のやりとりをていねいに行うことも、引き続き大切にしていきたいと思っています。

オンラインの可能性

オンラインだからこそ時間や場所の制約が少なく、参加者にとっても負担が軽減されることはやはり大きな利点です。地域を問わず全国から参加できるようになり、「家」という意識の強さや拡大家族（祖父母や親戚など）とのつながり方など、さらに多様な価値観と出会うようになりました。サポートを受けやすい（選択肢が豊富にある）地域とそうでない地域の差が大きいことも、あらためて実感しています。各参加者が大切にしてきた価値観や、居住地域の事情に即して考えることの重要性を再認識しています。

オンラインで実践を行うことでファシリテーター側の都合もつけやすくなり、年四回の定期的なワークショップを開催できるようになったことも大きな変化です。何か質問があったとき（特に各地域の支援・相談機関や助成関連のことなど）、パッと調べてURLなどの情報を共有しやすいというのも、オンラインならではでしょう。参加されている方の地域はさまざまながらも、「自分の地域ではこういうサポートがあった」「ここは全国規模でも活動しているはずだから、調べてみるといいかも」などと、参加者間でサポート情報が交換される場面もあります。参加者にとっては、居住地域や環境が重ならないからこそ、気軽に話せるという面も少なからずあるように感じます。

オンラインには難しさもありますが、可能性もあります。FAITは、「知識を伝える」だけでなく、「参加型」であることが大きな特徴です。対面実施とオンライン実施をそれぞれ企画して参加形態を選べるようにする、希望者に向けてオンラインでのフォローアップを計画するなど、まだまだ工夫はたくさんできそうです。一方で、子ども（特に年少の子ども）の場合には、対面の場で実際の体験・遊びを交えてプログラムを実施することが必要不可欠であり、オンラインでは代替できないとも感じます（FAITでは、子ども向けプログラムは対面のみで実施しています）。参加者のニーズに合わせて、オンラインのよさ、参加型であることのよさをどのように活かしていけるか、今後も検討を続けていきたいと思います。

コラム4　ステップファミリー——子どもの心理支援にかかわる立場から

ステップファミリーとは、実親の再婚を経験し、その再婚相手や新しいパートナーと暮らす子どものいる家族です。最近は、子どものいる夫婦の離婚が増加、高止まりし、ステップファミリーもよくある家族形態の一つとなりつつあります。

ただし、ステップファミリーへの移行はそれほど簡単なことではありません。多くの場合、元々の夫婦や親子の別れという喪失体験や、ひとり親と子どもの親密な関係を経た後に、新たな継親《けいしん》やその子どもなどとの共同生活となるため、その家族の形成プロセスには困難が生じやすく、とりわけ、継親が親役割を適切に行うことや、子どもと継親が良好な関係を築くことには問題が生じやすいと言われています。

これは、ステップファミリーに暮らす子どもが、実親との離別や喪失、継親や継《けい》きょうだいとの複雑な関係などといった困難な体験を抱えているということです。そのため、これまでの研究のなかには、ステップファミリーの子どもたちはライフコース上の不利を被るリスクが相対的に高く、学業成績、心理的ウェルビーイング、問題行動などの面で、初婚家庭の子どもたちと比べて相対的に劣る、という知見を示し、心理社会的な支援の必要性を指摘しているものも見られます（稲葉 2011、余田 2013、van Eeden-Moorefeld & Pasley 2013, Ganong & Coleman 2004, Coleman et al. 2000 など）。

なかでも、子どもは、継親とのかかわりにおいて、接近と拒絶などの矛盾した感情に苦しんだり、実親との間の忠誠心の葛藤にさいなまれたりすることが多く、継親との関係性が子どものウェルビーイングに強く影響すると言われています。したがって、継親と同居実親や別居実親と子どもの間をめぐる一筋縄ではいかない関係性や、それらにまつわる子どもの複雑な想いを理解し、寄り添うことが心理支援には欠かせません。

たとえば、子どもたちは親の再婚に関して、「実親と心理的な距離ができてしまう」「今まで、ひとり親と二人で頑張ってきたのに、再婚相手や、その子どもに（ひとり親を）取られてしまう」「ひとり親の苦労を思って、今まで自分を抑えて我慢してきたのに報われない」「再婚相手との同居によって自分の居場所がなくなってしまう」「実父母の復縁の可能性が閉ざされてしまってひどく寂しい」などといった心情を抱きがちです（藤田 2016, 2020）。でも、多くの子どもたちはそれらを率直に親に訴えることはなく、自分の複雑な気持ちを抑えて、新しい家族になんとか適応しようとさらに頑張ろうとする傾向にありました。その一方で、「家族が増えて寂しくなくなった」「継親が自分のことをいろいろ考えてくれる」「継きょうだいと（親の離婚に伴う）気持ちや境遇を共有、相談できた」などと、新しい環境や関係を肯定的に受け止めているケースや、実親が性格的に難しい人物であっても、継親が穏やかで落ち着いた人で、うまくいかない実親子関係をカバーしてくれたり、複雑な心境を理解してくれたりするなど、新たな関係性に支えられている子どもたちもいます。

その意味では、ステップファミリーに暮らす子どもたちへの心理支援は、個別性に応じて柔軟に対応すべきでしょうが、やはり援助者がステップファミリーに生ずる特有の困難を意識しておくことが有効な支援につながることが多いと思います。以下、プライバシーに配慮して改変された中学校でのスクールカウンセリング実践での一例（藤田 2012）を挙げてみます。

中学二年のＡくんは、ときどき、ボーっとして夢なのか現実なのかがわからなくなる、自分が自分でなくなってしまうといったような離人的、解離的な状態が続く、とのことで来談しました。その間は、普段の聞き分けのよい姿とはうって変わったように子ども返りして母にしがみついたり、まとわりついてしまったりするそうです。過去、実父から実母へのDVがあり、小三の頃、父母が離婚。小六で母が再婚し、その冬休みに先ほどの解離的症状が起きるようになりました。児童精神科を受診しましたが特段、異常は見つからず、そこでのプレイセラピーを主体とする月二回のカウンセリングが続いていました。

Aくんによれば、離婚後、ひとり親の母は仕事で帰りが遅く、当時四歳の弟の世話をしながら就寝する毎日が続き、「暗くて怖くて心細かったけれど『自分がしっかりしてお母さんと弟を守らないと』と頑張った。『地球温暖化が進み、自分もお母さんも皆死んじゃうんじゃないか』と、(そうならないために)路上のゴミをゴミ袋がいっぱいになるほど拾い集めたりしたことも何度かあった。今でも、ボーっとなるときは、お母さんが死んじゃうんじゃないか、もう会えなくなるんじゃないかと、ものすごく心配になる。でも、お母さんにまとわりつくと『しつこい』って嫌がられる。『だから早くよくなりたいです』」とけなげに話します。よくよく聴いてみると、解離的な症状が出るのは、連休や学期間の休みで比較的長く家にいるときのようで、継父《けいふ》について尋ねてみると、「今のお父さんは、前のお父さんのようにたたかないし、いい人だと思う。(言いよどみながら)でも、なんだかなじめない。下校時、家に車があると、お父さんが家にいると思い、しばらくあたりを歩いて時間をつぶす。近所の夕食の匂いにとても淋しくなる。できれば、ほんとはお母さんと弟と三人で別に暮らしたい。でも、こんなこと言うとお母さんに叱られる」とAくん。

カウンセラー「いつかお母さんとゆっくり安心して暮らせるようになるまで、お母さん守ってあげようって、ずっとお母さんに頼りたいのをこらえて頑張ってきて……。でも、やっとお母さんと安心して暮らせると思ったら、お父さん（継父）が家に入ってきちゃったんだ……」

Aくん「お父さんも悪い人じゃないんですけど……」

カウンセラー「うん……お母さん、取られちゃうみたいなね……。でも、自分が我慢して、お母さんに幸せになってほしい、とも考えてあげちゃう……」

Aくん「……（涙）」

以後、Aくんや母との面接で、そんなAくんの心情や想いを少しづつ共有していくことを経て、Aくんの解離的な症状は消失しました。

以上、ステップファミリーに暮らす子どもの複雑な心情に寄り添うことで、短期間での効果的な支援が可能となったケースを紹介しました。学校臨床などをはじめとする子どもの心理支援では、主訴はともあれその背景事情に、このような親の離婚・再婚や、ステップファミリーへの移行に苦しむ子どもたちが少なからず存在します。ステップファミリーに暮らす子どもたちに特有な経験や困難について知り、実際の支援に活かすことが今後ますます求められるだろうと思います。

（藤田博康）

7章　社会のなかで離婚を捉える

本章では、支援者としてのむずかしさと気づき（1節）に向きあったうえで、あらためて社会的スティグマやふつうの家族という価値観がもたらすもの（2節）、文化差や社会的不平等といった社会の枠組みからみえてくる課題へどうアプローチしていくのか（3節）について考えます。

1　支援者としての悩み、迷い、そして気づき

「心理教育」を提供するということ

心の専門家としてカウンセリングを行う場合、目の前のクライエントの話を一定時間、定期的かつ継続的に「聴く」ことができます。そこではクライエントの話を傾聴し、想像力を働かせながら理解し、共感していくプロセスが軸となります。ＦＡＩＴのようなグループ形式の心理教育においても同じです。参加者の経験や、離婚から現在の感情や思いを聴きながらやりとりをすることも心理教育の実践として大切です。親自身も傷ついたり悩んだり、一方で自身の選択と将来に前向きな気持ちになれたりと、さまざまな思いを抱いていることを、たくさんの親の声を通して気づかされてきました。なかには、感情を抑えきれず涙に声を詰まらせながら話したり、怒りや悔しさを強い口調で表現したりする参加者もいます。普段の

生活のなかでこういった感情を表に出せる機会は少ないだろうと思うと、自分自身の思いを親自身が誰かに話せること、また、それを否定することなく受け止める他者がいることの重要性を感じます。

「聴くこと」を大事にする一方、心理教育では、プログラムがねらいとする内容についてオリジナルのテキストなどを軸としながら、ファシリテーター側が参加者に「伝える」ことも必要です。つまり、ファシリテーターは限られた時間のなかで「聴くこと」と「伝えること」のバランスを常に意識しながらプログラムをファシリテートしていかなければいけません。たとえば、今まさに離婚渦中の参加者とお会いすると、別居してから会っていなかった別居親との面会交流をどのように始めるべきかや、離婚が成立したことをどのように子どもへ伝えようかなど、起きている出来事の一つひとつに最善を尽くそうと向き合い、悩み、エネルギーを費やしている様子がひしひしと伝わってきます。そのようなプロセスで生じる気持ちに寄り添いながらも、同時にプログラムのねらいに即し、裏づけのある理論や大切なポイントを確認したり共有したりする心理教育的な対応が求められます。

親向けのプログラムは、子どもの視点に立って離婚にまつわる子どもの気持ちに寄り添い、理解しようと心がけて親機能を高めることがねらいの一つです。そのために、親自身が離婚のプロセスで傷つき、エネルギーを費やしたことを受け止め、これまで積み重ねてきた親子関係の努力に敬意を示すなかで、参加者がエンパワメントされる体験の提供ができるようにしたいと考えています。親に対して、子どものことを考えましょうと援助者が伝える場面はよくあるように思いますが、そうした言葉に親が自らの感情を押し込めたり、わかってもらえないと感じて傷ついたりすることもあるかもしれません。子どもはもちろんですが、親の思いも大切にされる必要があり、特定の誰かに肩入れすることなく親子・家族全体を支えるという視点を忘れてはならないでしょう。

ＦＡＩＴは新しいクールになると参加者も変わるので、グループの雰囲気や集団の力動がどのように展開するかは事前にはわかりません。もっと話したい、聴いてもらいたいと思っていそうなメンバーはいなかったか、逆に、ファシリテーターが特定の参加者の話を聴きすぎてしまってはいなかったか。この「聴くこと」と「伝えること」のプログラム内のバランスが適切だったかについては、実践後に行うファシリテーターの振り返りで、毎回必ず確認するポイントとなっています。プログラム内で「聴くこと」がさらに必要そうな参加者がいた場合やフォローアップの観点からは、個人カウンセリングの提供や当事者グループなどとの連携もあるとよいのではないかと感じています。

グループ全体への目配りと全員とつながろうとすること

親向けの実践では、これまで記してきたように、同居親、別居親、面会交流をしている人・していない人、さまざまな立場や状況の人が同じグループになります。日本にプログラムを導入するにあたって、共同親権制の諸外国とは同居親と別居親の状況が大きく異なる可能性が高いため、離婚からの年数や同居親か別居親かという参加者の状況によって共通性のあるグループ構成にしたほうがよいのではないかという議論も出ました。しかし、実際にさまざまな立場や状況の人が混在して実践することにより、参加者の等質性を優先した場合には得られないプログラムのメリットが多くありました。他の参加者から共感を得ることで、自分の感情はおかしいものではない、という安心感を得たり、立場の違う親の話から新しい気づきを得たりすることもあります。同居親、別居親という立場の違いや個々の事情の違いがあるとはいえ、離婚という共通の経験をしている仲間同士、グループで話す場があることの意義を感じます。

一方、元パートナーや自身の体験に対しての怒りや傷つき、批判的態度が強い人がいる場合、さまざまな立場の参加者がいるグループの力動に与える影響にも注意をする必要性を感じています。突然の別居から始まった人や子どもを連れ去られたと感じている人、離婚後の元パートナーとの養育費にまつわるトラブルなど、怒りや傷つきの体験が深ければ深いほど、その声に感情がこもってしまうことは無理もないことです。しかし、クライエントとセラピストという二者間の個人療法の場とは異なり、グループ形式のプログラムの場ではグループメンバーから発せられた感情のこもった言葉が、自分の元パートナーの言葉に重なって苦しくなってしまう人もいるかもしれません。また、元パートナーと重ねなくても、他の参加者の批判めいた内容を自分にも当てはまる批判であると認識してしまって傷ついてしまう参加者がいるかもしれません。そのような事態を避けるためにも、傷つきや怒りの強い参加者に出会った場合、いかにその気持ちに寄り添いつつ、親自身の気持ちや感情は少し横において、子どもの視点に立って離婚を考えてもらえるよう、ファシリテーターとしてどのような言葉がけやかかわりができるかを念頭におき、実践に携わっています。

また、プログラム内では、自身の体験をテーマやワークにそって語ってもらうことがあるので、できるかぎり参加者に公平に、「聴いてもらえた」と思える体験を提供していくことも必要です。特定の参加者が話しすぎたりFAITの内容から大幅に脱線して場を占有しすぎないよう、ファシリテーターにはプログラムの進行のコントロールをするために、参加者の話している途中でも「今の話はテキストのなかで言うと……」とプログラムのテーマに話題を戻すスキルが必要となります。その際、参加者が話している内容からプログラムに関連するところを見つけ、違和感なく話題を戻すよう心がけています。その後、ファシリテーターが途中で切り上げてしまったことで気分を害してしまっていないか、きちんとフォローをすることも忘れてはならないところです。対面形式の場合は休憩時間やプログラム終了後に、話している最中に切り上げざるを得なかった参加者に対して声をかけるようにしています。その他にも、他の参加者の話を聴きながらグループメンバー全員の様子に目を配り、顔色や表情などで気になる様子のあった人にも声をかけています。このように、できるかぎり全員とつながるための工夫をしています。

子どもに「会いたくても会えない」気持ちと向きあうこと

日本の面会交流の実施状況は欧米ほどではなく、会えていても月に一度数時間という親子が多い現状を背景に、ＦＡＩＴのなかで子どもに会えない親の気持ちや、親に会えない子どもの気持ちを聴くことがあります。親向けのプログラムのパートＢは離婚後の親子関係を強化することをねらいとしている部分ですが、子どもに会えていない参加者が「今はこのプログラムの知識を得ても使いようがない」と悲しそうにまた、時に怒りも伴って話すこともあります。たとえ今、子どもとの十分な時間を過ごしたりかかわったりすることが難しく、一緒に住んでいた頃と比べて微かなつながりしか感じられなくても、その微かなつながりを維持することで将来の親子の関係性が広がる可能性があるのでは、と願って支援をしています。

しかし、現実は厳しく、子どもに会いたい気持ち、会えない気持ちを聴くと、参加したことはどうだったのだろう、何か役に立てるものはあったのだろうかと、なんとももどかしい気持ちになります。また親子のコミュニケーションについて、たとえば「子どもの言葉ではなくその背景にある気持ちに応答する」

ことが大切だとしても、いつもできるわけではないことや、その後も続く親子関係のなかで取り返しがきくのであまり気負い過ぎずに、と説明していますが、

✿同居している親だったら、子どもがいつもいますからね。ちょっと会話で失敗しても、取り返すことはいくらでもチャンスがあるかもしれない。だけど、自分は別居しているので。面会交流の時間に、何か失敗してしまったら、次はもうないかもしれない。来てくれないかもしれない。そう思うと、一回くらい失敗してもいいやなんて思えないんですよね。（別居親）

このような発言から、一回一回の面会交流に真摯に向きあう、別居親の不安や子どもへの思いを感じました。「面会交流」が別居親にとって、ただ純粋に子どもに会えてうれしいという時間なだけでなく、自分自身の振る舞いを試される場として緊張感をもって体験していることが推測できました。プログラムの内容は離婚を経験する家庭にとって重要な、共通のエッセンスをまとめたものですが、参加者の個別性の枠から考えるとすべての人に適応できるわけではないという限界も感じています。

親に会いたくても会えない気持ち

子どもの立場からも、別居親に会いたくても会えないという話を聴くことがあります。

✿別居親については、親が本当にすべての痕跡を消していて。親の結婚時の苗字さえわからないんです。写真

も一枚もないし。別居親の話題はタブーなので、家族の誰も話さないから話題にしたらどうなるかわからないですね。生きているかどうかさえもわからないです。（大学生）

会えない理由はさまざまで、小さい頃に別れたので何も知らない、同居親の手前、別居親に会いたいと言いづらい、すでに別居親が亡くなってしまっている、などがあります。

また、面会交流をしている子どもも、次はいつ別居親に会えるかわからない不安や、次も親は自分に会いたいと言ってくれるだろうかという不安を持っていたと語ってくれた人もいました。面会交流の別れ際は、親子双方にとって「離婚という現実」を意識させるものであり、寂しさを喚起しやすいとされています（小川2021）。

このようなやるせない思いを聴くと、支援者としての無力さを感じることも多くあります。しかしこれもまた、当事者の追体験なのかもしれないと思うようになりました。しんどい思いをしていたんだね、と共感をし、そのしんどさは無理もないと体験を承認することしかできませんが、否定しない態度で接しています。

子どもが「言葉にできるようになる」ということ

思春期グループに加え、日本では大学生にも実践を積み重ねてきましたが、中学生・高校生と大学生とでは、親の離婚の体験をどう語るかにはやはり違いがあるようで、同じ一〇歳代でも、年齢や子どものおかれた状況といったものが、そこには影響していると感じます。ＦＡＩＴに参加してくれた大学生の多くは、中学生や高校生の時期を振り返りながら「一人でぐるぐる抱え込んでいた一〇代の頃にこういう支援に出会えていればよかった……」という感想を語る一方で、「でも大学生の今だから、自分の言葉でこれだけ話すことができるようになったという気もする」といった話をしてくれます。「昔の自分にはどうして語ることが難しそうだと思う？」と尋ねると、次のような声が返ってきました。

✿中学、高校とか、いわゆる普通の道を外れちゃいけないって強く思ってて、学校生活が大変だったのもあるし、受験もあるし……。正直、自分の生い立ちとか家族とか考えている余裕がなかったですね。（大学生）

確かに中学生・高校生の時期は、部活や受験、友人とのかかわりなど、目の前のことや自分のことで精一杯の日々でしょう。大事な自分探しの時期ですから、過去に体験してきたことを落ち着いて振り返ったり、家族のことに思いをめぐらしそれを相対的に捉えたり、さらに言葉にしたりということは、なかなか難しいのも無理はありません。中学生や高校生の思春期グループでは、自分の気持ちをうまく言葉にできず、少しもどかしそうなそぶりを見せたり、逆に感情が高ぶってプログラムの内容に対して必ずしも積極的になれなかったりする様子も見受けられることがありますが、その背景にはこうしたことがあるのかもしれません。

一方、大学生になると、こうしたプログラムをよい機会として、少しずつ言葉にしていくことの意味を感じるようになるなかで、ぐちゃぐちゃした思いを抱いていた過去の自分をどこか懐かしむような表情で振り返る様子なども見受けられます。専門家を対象にＦＡＩＴのニーズについて調査した結果から、思春期は自分の時間を削ってまでこうしたプログラムを受ける動機づけが難しい場合もあるのに対して（福丸他2022）、成長とともに少しずつこのような点にも変化がみられるのだろうと感じています。

このような気づきを経て、子どもや思春期グループの実施の際に気をつけていることがあります。それは、親グループのとき以上に「聴きすぎてしまわないこと」です。親グループでもプログラムを実施する前には、話したくないことは話さなくてよいことを確認していますが、子どもグループ・思春期グループの際には強調して説明しています。親の離婚を体験した過去を振り返ったり誰かに語ったりすることはとてもエネルギーがいることで、精神的に余裕がないと難しいことであることも合わせて説明しています。また、プログラムに参加して初めて、親の離婚に対する自分の気持ちと向き合ったり語ったりした人もいるかもしれません。自分では整理できていると思っていたはずがそうではなかったという場合もあるかもしれません。話し過ぎてしまうことで参加後の心身に不調が出ないかの観点からも、「聴きすぎないこと」には気をつけて実践を行っています。

離婚渦中の子どもに対する支援の難しさ

日本の現状は親以上に、離婚渦中の「まさにそのとき」の子どもに対して心理教育プログラムや支援を届けることが難しいといえます。そのため、子どもからのＳＯＳを待っているだけではなく、支援者側からのアウトリーチが必要となり、特に子どもの周囲にいる大人の気づきが大きな意味をもちます。

✤自分のせいで親が離婚したんだと思ってて、自分なんかいなければよかったんだとずっと落ち込んでいまし

た。（大学生）

✿親が離婚していたことを後になって知らされたから、両親への不信感?みたいなものはありましたね。でも親にはモヤモヤをぶつけられないから、学校で教師に反抗していました。（大学生）

✿離婚してからも両親と三人で会うことがあったので、もしかしたらまた戻れるんじゃないかな?なんて期待したり、別居親に「もうこれっきりだ」と言われて傷ついたり。（大学生）

親の離婚から、ある程度の時間が経過した子どもたちに当時の話を聴いていると、「まさにそのとき」に助けになるような心理支援に出会えていれば、という思いを抱くこともたびたびです。同時に、そのような支援を得られなかったなかでも、ここまで生き抜いてきてくれて本当によかった、という気持ちにもなります。

その過程では、身近な大人、たとえば親戚や学校の先生、また友人たちに支えられてきたという子どもたちもいるでしょう。このような、子どもにとって身近で個人的な存在が大切であると同時に、長い間、複雑な思いを抱き、またさまざまな体験を経てきた彼らの気持ちを受け止めるには、さらなる専門的な心理支援が必要になることも少なくありません。そのような場合は、個人レベルの支援だけにとどまらず、ＦＡＩＴに盛り込まれているような心理支援の内容を他の領域の専門家と広く共有していくことも必要でしょう。こうした子どもに対して、より専門性の高い支援を提供できるような社会の体制を整えていくことも大切です。親の離婚の渦中にいる子どもたちへの支援は、まだ、さまざまな課題があるという現実が見えてきます。

唯一の正解はない

これまで述べてきたように、ＦＡＩＴには親グループも子ども・思春期グループもさまざまな体験をしている人たちが参加してくれます。子どもと一緒に暮らす親、離れて暮らす親、子どもに会えていない親、自分も子どもの頃に親の離婚経験をしている親など、その状況や背景などもまちまちです。子どもに関しても、親の離婚を経験した年齢には幅がありますし、現在の住まいや家族構成、別居親とのかかわりなども千差万別です。

さらには体験の捉え方も多様であることから、参加者とお会いするなかで、「こうするのが必ず誰にとっても正解」というものはないことを実践すればするほど感じます。たとえば、親に離婚したことを謝ってほしいと思う子どももいれば、謝るくらいなら離婚しないで欲しかった、子どもに謝らないで堂々としてほしい、などと思う子どももいます。離婚は両親の問題であるとかかわらせてもらえなかったことに疎外感を抱く子どももいれば、両親の問題なのに子どもを巻き込まないで欲しかったと思う子どももいます。さまざまな状況があるなかで、離婚に関する支援をする際には、「あるべき」支援の方向性を言い切ることはできないと実感します。親向けのプログラムで大事なことは「一般的にはこう言われているけれども、では、自分はどう感じているのだろうか、そして自分の子どもはどう感じているのだろうか」と思いをはせる機会の提供やそれによる気づきであり、あるべき姿の押しつけではないと常々思っています。そのため、参加者に多様な離婚が存在するなかで、唯一の正解はないことを伝えるようにしています。

そしてこれらのことから、プログラムのねらいは軸として大切にしながらも、参加者に「あるべき姿」を押しつけないファシリテーターの態度の重要性に気づくことにもつながります。支援者には、当事者が経験してきたことに敬意を払い、自分は知らないということを知り（無知の知の姿勢）、当事者に教えてもらおうという姿勢が必要不可欠であると感じています。

また、参加者本人しか体験していない個別の体験に敬意や畏敬の念やねぎらいの気持ちをもつことを大事にすると同時に、支援者のそのような姿勢が、逆に家族によっては「離婚＝傷つくもの」として腫物のように扱われていると感じる場合もあるということにも気をつけています。「離婚をする（した）家族＝支援が必要」という単純な解釈も、偏見になりうるからです。支援者として、自身の偏見やステレオタイプとも向き合い、より中立の立場からさまざまな人とつながっていきたいと思っています。

2　社会的スティグマとジェンダー

私たちのなかにある「ふつうの家族」というイメージ

現代の日本では、離婚や再婚という選択は以前に比べるとめずらしいものではなくなりつつありますが、それでも、未だ「ふつうの家族」という社会的なイメージが人びとのなかに存在していることも否定できません。社会のなかで離婚がどのように捉えられているかをめぐっては、離婚という出来事のみで考えることは難しく、社会のなかで家族がどのようなものと認識されているかという価値観やその傾向と大きくつながっています。特に戦後から現代にかけての日本では、家族の規模が小さくなって核家族化し、多世代同居家族の形態は特に都市部を中心に減少しています。同時に共働きの割合は増加し、またきょうだいの数も減少傾向にあります。以前はテレビ番組などでよく見かけた、父親は会社員で母親は専業主婦、そして祖父母が同居している三世代、という家族のかたちは少数派になってきています。

それでもまだ「家族」という言葉からは、祖父母世代は含まれずとも、両親と子どもから構成されるいわゆる「ふつうの家族」というものがあるとイメージされることは多いのではないでしょうか。本書のはじめにも述べたように、実際にはひとくちに家族といっても、初婚で子どものいる家族もいれば、どちらか（あるいは双方）が再婚そして子連れの家族、養子縁組など血縁関係のない親子を含む家族、子どものいない夫婦や事実婚の夫婦、ＬＧＢＴＱ＋の家族など、そのかたちはさまざまです。しかしこのような「家族の多様化」を頭で理解していても、日常生活では未だ固定的なイメージで家族を捉えてしまうことは多いでしょう。職場や学校などで、ふとした場面に、思い込みや固定観念で家族を見ていたことに気づかされることがあるかと思います。このように、実態とは別のところで共有されている社会の家族イメージは、離婚を経験する家族に投げかけられる視線にも影響を与えています。

このように家族のかたちや役割は、時代や価値観の変化によっても変わるものですが、実際にはこういったことは時に忘れられがちです。そして社会のなかでそれぞれが、家族に対するイメージや思い込み、たとえば家族は仲よくあるべきだとか、子どものために離婚をするなんてかわいそうだ、離婚したらもうおわりだ、というような思い込みを「ふつう」のものとして無意識に抱え持っていることがあります。また、離婚をする人や離婚家庭の子どもたちはある一定の性格特性や行動特性を持っている人が多い、という固定観念が社会に存在することも指摘されています（田中1997、会沢2002）。

社会的スティグマがもたらす苦悩

このような家族や離婚に対するイメージや思い込みは、社会的なスティグマ（偏見）の一つとしてみることができます。スティグマとは、知らず知らずに自分が自明としているいくつかの前提によって、いろいろな差別や思い込みをすることです（Goffman 1963/2001）。特に日本では、古くから「世間体」という、個人や家族を取り囲む社会や交流のある人びとに対する畏敬の念を含めた体裁、面目があり、体裁が損なわれると家族の恥になるという構造がスティグマにつながっているともいわれています（中村2013）。このようなスティグマによって離婚家庭への過度な一般化がなされると、離婚を経験した親子は新しい生活への適応が困難になる可能性があります（小田切2003など）。

スティグマは離婚家族に対して直接的にも間接的にも影響を与えます。ＦＡＩＴの参加者が、次のように語ってくれたことがあります。

✿離婚についてオープンにすることは賛成です。でも、積極的に言うのは難しい。何かの折に、相手に負担のないようにカミングアウトをするようにしている。そうすると相手も察して、離婚について深く聞かずにかかわってくれる。本当は周りに同じ経験をした仲間がいるといいんだけど。子どもも小学生くらいになったら、自分の家が周りとは違うって気づくかもしれない。子どもには、平気で離婚について話せるようになってもらいたい。離婚について引け目を感じずにいてくれたら、と思う。でもそれもあって、子どもに離婚に

ついてどう伝えるか、今、とても悩んでいて……。（同居親）

自分は納得のうえで離婚をして、それを恥ずべきものだと思っていないとしても、たとえば子どもはどうだろうか、親が離婚をしていることで何か言われないだろうか、それによって引け目を感じてしまうことはないだろうか、と思ってしまうことは当然のことです。子どもにとっても、親が離婚をしたと友だちに知られたら、周りとは違ってしまうのではないか、家族で悩んでいる子と思われてしまうのではないかと思って離婚について隠さなければと考えることがあります。現在でもひとり親家庭で育つ子どもへのネガティブなイメージ（スティグマ）は払拭されておらず、スティグマが強い場合には、そのスティグマを恐れて周囲から距離をとり孤立する可能性が高いことが指摘されています（志田2021）。

親子のかたちと子どもの気持ち、それぞれの多様さ

また一見ネガティブに見えなくとも、親の離婚を経験した子どもは悲しんでいるに違いないという思い込みも、離婚へのスティグマにつながることがあります。離婚の原因や背景がさまざまであるなかでは、離婚によって、行き詰まった関係のなかで落ち込む親の姿を見なくてほっとする子どもや、親の口論に巻き込まれず解放されたと感じる子どももいることは、これまでみてきた通りです。「そろっているはずの両親が別れることになって、子どもは不幸に感じているに違いない」というまなざしを向けられると、子どもは親の離婚に対してほっとした気持ちを抱いている自分に罪悪感を抱き、離婚にまつわる気持ちを誰かに打ち明けることが難しくなってしまうこともあります。一人の子どものなかでも、親の離婚について

は悲しみも怒りも不安もあると同時に、ほっとしたりよかったと思ったりしていることもあります。一つの気持ちがずっと続くのではなく、長い時間のなかで子どもは、さまざまな気持ちを経験していきます。また大人の側には悪気はなくとも、「離婚をして大変に違いないから」と特別扱いをされたり、「しっかりして、親を支えてあげなさい」といった声かけをされることも、子どもにとってはいっそう頑張らなくてはと感じたり、子どもとしての役割以上の期待を課してしまう可能性があります。

自分が当事者として離婚を経験する、あるいは身近な人が離婚し家族のかたちが変わるということを経験することで、それぞれに、自分がそれまで当たり前と思っていた思い込みや考え方があぶりだされることがあります。自分が想定している家族のイメージに当てはまらないこともあるでしょう。また離婚して(あるいは離れて暮らすようになって)すぐに家族が新たな形態に変化するものでもありません。家族のありようは外から規定できるものでもなく、別れたから家族ではない、あるいは反対に一緒に暮らし始めたから家族になるというように、ある日突然、簡単に変わるわけではありません。このように考えると離婚家族に限らないことですが、家族のメンバーそれぞれが時間をかけて関係性を積み重ねていくことで、家族のかたちが移行していくと考えることができます。

離婚とジェンダー

ここまで、離婚家族や「ふつう」ではないとされやすい家族へのまなざし、特にスティグマについて見てきました。そのなかでは、個人や家族が抱える心理的な問題や困難は、それだけで独立して存在しているのではなく、人びとを取り巻く関係性や、規範意識、社会的ルール、そして経済状況などの文化・社会的要因に至るまで、多次元にわたる要因が複雑に絡まりあって維持されている（中釜2010）のだという視座が重要であることがあらためて実感されます。

離婚を経験した親子がおかれる社会的な状況は子どものありように影響を与え、親だけでは子どものケアに限界があることもみえてきました。背景には、現在の日本では離婚をすると多くは母親が親権を持ったひとり親家庭となること、そういった母子家庭は社会の構造として貧困に陥りやすいという社会的な構造の問題によって引き起こされている部分も大きくあります。

たとえば全国ひとり親世帯等調査（厚生労働省2021b）によれば母子世帯の平均年収は三七三万円で、これは児童のいる世帯の平均年収八一三万円の半分以下にあたります。なお、父子世帯の平均収入は六〇六万円で、児童のいる世帯の平均の約七割強にあたります。父子世帯も相対的に見れば低収入であることがわかりますが、さらに子どもの貧困率に着目すると、女性が世帯主の世帯では男性が世帯主の世帯よりも貧困率が高く（内閣府男女共同参画局2021b）、離婚による経済格差と母子家庭の貧困、その要因としてのジェンダーギャップがあることが見えてきます。世界各国における男女格差を測るジェンダーギャップ指数を発表している世界経済フォーラム（World Economic Forum: WEF）の調査では、二〇二一年における日本のスコアは一四六か国中一一六位（前回は一五六か国中一二〇位）と、先進国のなかで最低レベルであり、すでに述べたように、ひとり親家族の相対的貧困率は、国際的にみても高いことが指摘されています（OECD 2021）。

また離婚前に働いていなかった母親は、再就職において正規雇用の職に就くことが難しく（厚生労働省2021b）、さらに欧米と比べて日本のシングルマザーは育児時間が短く仕事時間が顕著に長く（田宮・四方

2007)、親子関係の貧困につながりやすいリスクも指摘されています（赤石2014）。ここからは、離婚家庭に限らない女性の雇用問題や労働におけるジェンダーの階層構造が、現代日本の家族のありように影響を与える問題として通底していることがみえてきます。さかのぼると離婚前の子育ての段階から、日本では母性神話、すなわち母親には子どもを育てる本能が備わっているのだから、母親が子育てにあたるのが自然かつ責任であると考える社会通念が未だ根強く存在していると言われており（江原・山田2008）、家庭のなかでも不平等で強固ともいえるジェンダー役割が前提とされてきました（湯澤2020）。

スティグマの背景にあるジェンダーの問題

このように既婚女性には経済的自立を求めない社会制度が温存されているにもかかわらず、いざ離婚すると母子世帯の半数以上は非正規雇用となり、低賃金、長時間拘束といった条件で働かざるを得ない状況があること（湯澤・藤原2011など）がみえてきます。ほとんどの母子家庭では母親が家事や育児を集中して担わなければならず、また多くの場合は仕事を抱え経済的基盤を整えるのに精一杯という「時間貧困」（石井・浦川2014、阿部2011など）に陥ることも指摘されています。子どもにとっても、親が苦労して仕事と子育てに奮闘する様子を見て、力になりたいと思うからこそ悩みは打ち明けられないと遠慮していることがあります。同時に、そうせざるを得ない現実に、向けようのないやるせなさや憤りを感じることもあるでしょう。

このように、離婚家庭に向けられる社会的スティグマの背景に、経済的困難や就労形態をめぐる男女格差や伝統的性別役割分業といったジェンダーの問題があることは、離婚を経験する親子がおかれた状況を理解するうえで欠かせない視点となります。そして離婚を経験した親子を支援対象とするだけでなく、社会構造によって引き起こされている部分についても同時に目を配り、離婚によって生じたさまざまな不利益や問題について、当事者たちの自己選択と自己決定による自己責任にのみ帰結しない社会のあり方が必要です。離婚は私的なことだから、と周囲が介入を躊躇することは、離婚を個々の問題として家族のなかに閉じ込め、離婚に対するスティグマや固定観念をいっそう強化してしまう可能性も含まれています。

ステップファミリーという家族のかたちとスティグマ

ジェンダーとスティグマの視点は、離婚後の家族のかたちのひとつでもあるステップファミリーにおいても同様に大切です。FAITでは離婚を経験して数年以内の参加者が多いこともあり、参加者から再婚の話題が出ることは少ないですが、親プログラムには「親自身の新たなパートナー関係」としてその内容が盛り込まれ、今後の親子の関係を考えるうえでも大切なテーマとして位置づけられています。

たとえばパートナーを紹介するプロセスにおいても時間をかける必要があることや、新たな関係に対する子どもの不安や心配を親と話し合えるように日ごろから意識すること、さらに、しつけなどの親役割は新しいパートナーよりも実親が担う方がいいこと、などを共有しています。6章コラム4で紹介したように、ステップファミリーでは、忠誠心の葛藤をはじめとする子どもの複雑な思いに寄り添いながらの心理支援がとても重要です。それゆえ、まず親自身が適切な情報をもつことも求められるのです。

それと同時に、離婚だけでなく再婚という家族のかたちにもスティグマがあることがわかります。たとえば、継親《けいしん》、継母《けいぼ》、継父《けいふ》、継子《けいし》といった言葉から連想される否定的なイメージや、「ステップマザー（継母）

は意地悪」、「ステップチャイルド（継子）はかわいそう」といったステレオタイプが現代の子どもにも継承されているという指摘があります（野沢 2022）。

また特に継母のストレスの高さの背景には、途中からの子育てを経験する大変さはもちろんのこと、継親は努力すれば「親」になれるはずだし、なるべきだといった家族観を家族だけでなく周囲も持ちやすいこと、それは支援にかかわる立場の人も例外ではない現実も示されています（野沢・菊地 2021）。それぞれが親密な人びとの関係のなかで生きている存在であると捉え、多様な家族のかたちを支えていくことがいっそう求められているように思います。

3　社会的諸問題へのアプローチ

異文化間に共通する子どもたちの声

米国で開発されたプログラムがベースとなっているＦＡＩＴでは、実施の際に文化差を踏まえるのも大切なことはすでに述べた通りです。米国の共同親権制度と日本の単独親権制度という現行の制度面の差異に加え、三世代のかかわりがより強調された家族観、前節でも述べた離婚に対するスティグマの問題など、社会文化的要因をしっかり踏まえた実践が求められるのは言うまでもありません。それと同時に、文化を超えて、子どもたちに共通する思いや声というのもやはり大切でしょう。

ＦＡＩＴの親グループでは、親の離婚を経験した米国の小中学生の子どもたちが、輪になって座り、それぞれの体験を語る動画 *Kids & Divorce*（子どもと離婚）を視聴しています。外国の子どもであっても、親の離婚を経験した子どもたちの生の声に、自分と子どもの体験を重ねて涙ぐむ人も少なからずいます。同時に、「欧米の子どもは気持ちをはっきり表現しますね」「文化差を感じます」「うちの子はここまで話せないし、話してくれないと思う」など、子どもの本音は知りたいけれど難しいだろうという声も多く寄せられます。

一方、思春期グループでもこの動画を視聴すると、ここまで話せないといった親の声とは少し異なる様子が見えることもあります。

✿(子どもからみる親の離婚の理由について)「お母さんはいつも自分が正しくないとだめな人」って言っていたあの子と、うちも同じ。お父さんとのけんかもいつもそれ。別れたのもそれが理由だって思っている。今だって僕や弟に自分の考えをぐいぐい押しつけてくる。言っても変わらない!(中学生)

このように、海外の子どもたちの率直な声に押され、自分の気持ちが話しやすくなることもあるようで、親の離婚を経験した子どもたちには、文化を超えて通じるものが多々あるのだと教えられます。「自分にもこういう(離婚について話せる)場が欲しかった」「こういう仲間がいたら」「機会があったら」、という感想もよく聴きます。本書で紹介してきたように、思春期を迎える頃になると、子どもたちは機会さえ、そして聴いてくれる存在さえあれば、親の離婚という経験や、それに巻き込まれた悲しさや腹立たしさ、両親間で養育費などの取り決めがないために、進学が危ぶまれた憤りなどを言葉にしてくれます。一方で、別れたおかげで得られた、落ち着いた今の生活や親への感謝の気持ちが語られたりもします。かと思えば、大切な誰かとの間のあたたかい思い出が語られるなど、子どもなりの穏やかな時間に通じるものもあるのだと教えられます。

文化を超えて大切なこと

こうした子どもたちの声に「うちの子はあまり話そうとしない」「日本の子どもは内側に向きやすい文化差がある」と単純に割り切ってしまうことには慎重さが必要なこともあらためて見えてきます。ＦＡＩＴの実践を通して見えてきたことは、子どもが気持ちを表現しない、特に憤りや腹立たしさ、怒りといった感情があまり表現されないと大人が感じるとしても、それは文化差だけでなく、受け手としての大人の姿勢や態度にもよるところもあるのではないか、ということです（福丸2013b）。怒りの感情には、悲しさや寂しさ、不安や虚しさといったいろいろな感情が関係していることが少なくありません。こうした感情に子ども自身が開かれるためにもそれは自然なことで、怒りの感情をはじめ、さまざまな感情を適切に表現する権利がある、と知ることも大切です。

その際、求められるのは、私たち大人自身も、そのことの意味について理解し、伝えよう、話そうと思った子どもの気持ちを受け止め、耳を傾けられる存在であろうとすることでしょう。こうした体験の積み重ねによって、自分の気持ちを大切にしつつ適切な方法で伝えてみようと思えるようになり、それは子ども自身がその体験を物語ることにもつながっていきます。特に、親密な人との関係が深まる青年期そして成人期において、自分のルーツをたどり、原家族を振り返ることで、今までの自分を吟味する一つの作業として、物語ることの意味は大きくなっていくと考えられます（野口・櫻井2009）。

こうした子どもの声の聴き手、受け手の役割を親が担えれば、もちろんそれに越したことはありません。ただ、葛藤のただなかで自身のケアで精一杯、一人で何役もこなすために、余裕がないという場合もあるでしょう。だからこそ、そこには子どもとかかわる大人の存在が必要であり、そのためにも前節でみてきたように、離婚を親や家族内の問題としてのみ捉えるのではなく、身近で、かつ社会全体のテーマとして関心をもち、理解しようとする姿勢が求められるのです。このように、子どもや親をとりまく人が、時に親に代わって子どもにとってのセーフティネットの役割を果たす必要があるのは、文化を問わず同じであり、FAITもそうした取り組みの一つでありたいと考えています。大人に求められる役割については、後ほどあらためて触れることにして、次に、子どもの声を聴くことと、子どもの知る権利について考えます。

子どもアドボカシー

離婚後の面会交流などにおいて、子どもの意見表明が大切であることはすでに述べましたが（4章コラム2参照）、近年、特に福祉の領域で、子どもアドボカシーという言葉を耳にすることが増えてきました。この領域の第一人者として研究や実践活動を担っている堀正嗣《ほりまさつぐ》（2020a）によると、アドボカシーにはさまざまな観点からの定義が考えられるそうです。子どもアドボカシーが最も発展し、かつ一八〇年ほどの歴史をもつイギリスでは、子どもたちの声を聴き、意見表明を支援したり代弁したりする活動とされています。アドボカシーを行う人をアドボケイトと言っています。その考え方としては、助けてと言えない状況にある人、権利を侵害されている当事者のために声をあげること、と捉えることができます。

社会においては、声の大きい人、つまり力（権力）のある人の意向で物事が決まっていきやすく、子どもの声は抑え込まれたり無視されたりと、大人や社会にきちんと聞き届けられることがとても難しい現状です（堀 2020b）。こうした状況を踏まえた大切な視点であると同時に、親の離婚を経験する子どもは、社会はもちろん家庭内の関係でも、なかなか声を発しにくく、かつ届きにくい立場であることからも、アドボカシーの視点は重要であることがわかります。

また、アドボカシーの重要性が指摘されるようになった背景には、私たち大人自身が少なからず持っているアダルティズム、つまり子どもは大人に比べて価値の低い劣った存在であるという差別的な考え方が関係しています（堀 2020a）。子どもの声をきちんと受け止め、代弁してくれる存在であるアドボケイトは、親の考えと子どもの思いが異なることも生じやすい離婚においてもとても重要な存在です。特に、離婚調停などの際には、アドボケイトはあくまで子どもの思いや考えをそのまま聴き、伝える必要があります（堀・子ども情報研究センター 2013）。

もちろん、子どもなりの心配や親への気遣いから、必ずしも本心がすぐに語られるとは限らないでしょうし、本音を言ったからといってそれが受け入れられないということもあります。ただ、子どもが正直に自分の思いを話しても大丈夫であること、それが親の意向と大きく異なるとしても、それはわがままなどではなく、自分は自分の気持ちを伝えていい（その権利がある）と、子どもが思えるようにサポートするアドボカシーの視点はＦＡＩＴの実践の中でも大切だと感じます。

子どもの知る権利

子どもが自分の意見や考え、気持ちを表現するためにも、年齢や発達段階に即してその前提となる情報や状況について知ることも大切です。そして、子どもが知ることにおいても大人からの手助けが必要です。両親が別れる理由や、離れている家族の状況なども含めて、子どもが知りたいこと、知る必要があることを子どもが理解できる範囲で、できるだけフェアにまた大人の責任のもとに伝えることも求められます。本当は知りたいけれども、尋ねることで親を傷つけるかもしれない、知ることでかえって自分も傷つくかもしれない、などさまざまな気持ちが子どもには生じうることは、本書で示した通りです。こうした子どもたちの声をあらためて受け止めること、同時に、知りたくないという表明も含めた子どもの知る権利は、子どものものであることを大人があらためて認識するのもとても重要でしょう。

先述した文化差ともとれる子どもの感情表現についても、双方の親からの話を聴けずに情報が不足していたり、不安を感じつつも遠慮したりするなかで、声を発するに至らない、至ることができないケースが少なくありません。寝た子は起こすな、知らないほうがいいこともあるといった、一見、子どもへの配慮ともとれる大人の言い分（これこそ文化差とも言えますが）は、時として子どもの権利、特に知る権利を軽視しがちな風潮にもつながりうることを忘れてはならないでしょう。子どもの力を信じ、同時に必要なフォローもすること、そして子どもの存在を家庭のなかで、社会のなかでどう位置づけ、どう向き合おうとするか、大人の価値観があらためて問われています。

社会的不平等と他者からの承認

アドボカシーの考え方は、子どもの権利、人権が公正に守られることがいかに大切で、かつ難しいテーマなのかということをあらためて教えてくれます。そして、このことは、子ども同士の関係のなかでも同様です。学校現場を中心としたインタビュー調査から、子どもたちがさまざまな社会的な不平等を体験していること、特にひとり親家庭の子どもたちが、経済的な不平等と社会的地位における不平等という二重の不平等を被りやすい現実が指摘されています（志田 2015, 2021）。

たとえば、子どもたちの会話に出てくる家族の話題（親の職業や家族旅行など）は、両親がいることが暗黙の前提で、ひとり親家庭の子どもは家族の状況を周囲に告げる恥ずかしさを感じたり、隠したりということが生じやすくなります。ここでは、ある者を劣るものとみなしたり同等な存在としての参加を妨げたりという、いわゆる「誤承認」が生じやすいといいます。

4章2節でも紹介したように、子どもは親が離婚していることを話してもよかったのか、話すべきではなかったのか、など相手や周りの反応に対して、非常に敏感です。子どもたちが、自身の複雑な家庭経験に対してアンビバレント（両価的な）な感情を持ちながらも、それを肯定的なものとして理解し位置づけるために大切な「承認」の体験は、同じような体験をした子どもたち同士では起きやすいものの、ひとたび、その関係の外に出たとき、承認されることの難しさを痛感することになります（志田 2015）。子どもたちにとって、体験を共有できる友人たちとの間で起きる「承認」が大切なことを実感すると同時に、それが限定的な関係のなかでのみ起きやすいという現実は、近年よく耳にする「家族の多様化」に対する本質的な理解は、未だ十分でないという、私たち大人社会の縮図があらためて見えてきます。

親の声は聴けているか

ここまで子どもの視点を中心に述べてきましたが、社会的地位の不平等という観点から、あらためて大人の視点からも捉えなおしたいと思います。

❀離婚してまずやらなくてはいけなかったのは、住まい探し。知っている不動産屋さんが地域にいて、親切にしてもらえたので、それはとても心強かったです。地域に知っている人がいることのありがたさも感じたし。でも、一方で提案された物件は……。両親そろった家族で、こういう物件を勧めるだろうか？というもので。あぁ離婚ってこういうことでも思い知らされるんだなぁとあらためて。(同居親)

日常生活のなかの何気ないやりとりに、社会的な不平等がいかに潜んでいるか、その現実をあらためてつきつけられた思いがします。大人の言動や自分たち家族に向けられるまなざし、親がいろいろな思いをしていること、こういった社会のありようから、子どもたちもまたいろいろなことを感じ、考えています。それによって、子どもがますます社会のなかでの生きづらさを感じてしまうことにつながっているという現実を考えさせられます。

❀子どもと離れて暮らす理由も様々です。養育環境を考え、子どもと別れることを決めた親、不毛な争いを避けるため親権を譲る親……。しかし、世間はそんな事情はわかりません。(中略)子どもと暮らしたくても暮らせない親、離婚を避けたくても避けられない親がいることを知って欲しい。別居親は「必ずしも悪い親だから、子どもと離れて暮らしているのではない」ことを知って頂きたいと思います。（会社員、『朝日新聞』二〇二二年五月二七日付「声」欄）

これは、ＦＡＩＴの参加者ではなく新聞の投書欄からの引用ですが、言うまでもなく同居親・別居親といった表現に伴うイメージのなかにも、知らず知らずのうちに、スティグマが潜んでいることをあらためて感じます。

まだＦＡＩＴの実践を始めて間もない頃、人数の関係もあり別居親のみのグループを実施したことがありました。そのグループでは、子どもと暮らせない寂しさや会えない歯がゆさ、別居親への周囲の冷たい視線などについて、時折、強い口調で語られるなか、慣れないファシリテーターとしては、別居親が日々感じている理不尽さなどに思いをはせる余裕もなく、右往左往するばかりだったことを思い出します。

このことは、子どもと会えない別居親の抱える事情が想像以上に多様で、気持ちを吐露したり、耳を傾けられたりすることが当事者グループ以外にあるのだろうか、と痛感させられる機会にもなりました。ＦＡＩＴでは、離婚の際に「支えとなったもの」を考えるワークがありますが、「同じような体験や状況にある当事者」はよく挙げられるのに、「援助職の専門家」は出にくいことも少なくありません。これが大切、こうしたほうがいい、と言われることは多いけれど、一方でどれだけ自分たちのおかれた状況や日々の思いに耳を傾けられ理解を得られているか……、プログラムの実践に携わる者としても、あらためて考えさせられます。

一人の大人・親として

実践のなかでは、親自身が子ども時代に経験した親の離婚について語られることもあります。子どもとしての思いや自分の努力が必ずしも十分に受け止められないまま、親になって頑張ってきた人も少なくないことがうかがえます。子ども時代に親の離婚を経験した成人を対象とした大規模調査（うち四割が子どもあり）のなかで、子どもに必要な心理支援として挙がってきたものは、「緊張・不安・ストレスの軽減（五五パーセント）」「トラウマからの回復（三四パーセント）」「別居親との親子関係の改善・修復（三三パーセント）」とさまざまなようです（棚村 2021）。

大人になり、親として子育てをするまでのどこかのタイミングで、信頼できる人との関係のなかで子ども時代の不安やストレスを少しでも和らげられ、つらかった体験を受け止められたり、適切にケアされたりしていたら……、そして、子どもとしての頑張りや努力に誰かが気づいて受け止めたり、労ったりしてくれていたら……。自分の気持ちを適切に伝えたり助けを求めたりということが、もっとしやすくなっていたかもしれません。

またその一方で、参加者とのやりとりで実感するのは、離婚にまつわる視点からの理解も大事であるとともに、その視点ばかりで捉え過ぎないことも大事である、ということです。これは、実践にかかわる者として、離婚した親、親の離婚を経験した子ども、など、離婚というメガネで見過ぎていないかという問いかけにつながります。

言うまでもなく日々の生活は常に離婚という事象が伴う時間ばかりではありません。むしろイヤイヤ期の子育てで試行錯誤中とか、思春期の子どもと距離がとりづらいといった、子育て中の親としての「あるある」で共通理解が得られることも多々あります。特に、日々の子どものケアを担う同居親の場合は、同じように悩んだり心配したり、うまくいかなくてイライラしたり、つい叱りすぎて反省したりをくり返しています。ひとり親である大変さや余裕のなさなども踏まえつつ、そればかりを意識しすぎないこと、言葉を換えれば子育ての悩みや大変さを親として率直に分かち合うことも必要でしょう。

まさにコロナ禍にあった二〇二〇年の春、児童福祉法等の一部改正法の施行に伴い、親からの体罰が許されないものとなりました。厚生労働省の報告書「体罰によらない子育てのために」の副題（キャッチフレーズ）は、一般の方から寄せられた五二七件の応募のなかから「みんなで育児を支える社会に」に決まりました。当たり前のように思えるこのことが、いかに大切でかつ、難しいかということの表れでしょう。子育てを親だけの責任にせず、親戚や地域や社会など、子どもや親をとりまくみんなで支える、という子育て支援の基本は変わらない点は、両親の関係がどのような状況にあっても共通です。

長期的視点と、「逆境」を緩和する「肯定的体験」

さて、未来のある子どもたちが、どのような時間を過ごせるかは、さらに大切なテーマです。友だちと遊んだり、ただぼーっと過ごしたり、趣味やアルバイトに熱中したり。子ども時代のかけがえのない時間は、子どもや家族に対する周囲の大人のまなざしや、私たち大人自身の意識や行動によっても大きく変わってきます。それを今だけでなく、長い時間経過のなかで捉えることは、離婚からまだ時間があまり経っていなかったり、子育てまっただ中だったりすればするほど、容易なことではありません。親子の関係を振り返る余裕は、やはりある程度の時間も必要でしょう。

✿別れた夫と子どもの関係も、時間が経って少しずつ変わってきたなって感じることもありますね。暴力を振るわれたこともあったけれど、離れたこと、子どもが大きくなってきたことで、少しずつ関係がよくなったというか。子どもが大人になったことで、人として父親のことを理解できたりっていうのかな……。（同居親）

「別れて一〇年以上経ったから言えるんですけどね」というやさしい笑顔から、これまで本当にさまざまな思いをされるなかで、時間が積み重なって今があることが伝わってきました。その重みに思いを馳せつつ、親としての自分に対しても、また子どもに対しても少し長い目で遠くを見ることも大切なのだと教えられました。

1章で、逆境的小児期体験の研究から、家族の機能不全などのリスクが複数重なっていくことの、長期的な影響について述べました。一方、この分野では近年、小児期のポジティブな体験、すなわち保護的・補償的体験（PACEs: Protective and Compensatory Experiences）（Hays-Grudo & Morris 2020）や、小児期の肯定的体験（PCEs: Positive Childhood Experiences）（Daines et al. 2021）などの重要性も指摘されています。これらの子ども時代のポジティブな体験は、心の発達を促し、子どもたちの回復していく力、すなわちレジリエンスを育むこと（Daines et al. 2021）、幼少期のポジティブな体験が多ければ多いほど、小児期逆境体験（ACEs）の影響を緩和することも示されています（Bethell et al. 2019）。

幼少期の肯定的体験は、たとえば、「自分の感情について家族に話すことができた」「学校で自分の居場所を見つけることができた」「親以外に二人以上の大人が、あなたに心から関心を持っていた」などの項目が（Bethell et al. 2019）、保護的・補償的体験も、「無条件の愛」「親友がいること」「コミュニティにおけるボランティア」などの項目が挙げられています（Hays-Grudo & Morris 2020）。つまり、子どもたちが育ちのなかでどれだけポジティブな体験に出会えるかは、家庭や学校、地域といったさまざまな場において、親や家族、友人や身近な大人との間に、あたたかく肯定的な関係性を築いていくことが大切であり、その役割は、子どもと接する大人や社会全体に課せられていることがあらためて見えてきます。

多層かつ多様な支援

長期的な視点をふまえつつ、子どもたちにとってのポジティブな経験の大切さと、私たち大人に求められる役割を考えることは、あらためて支援のあり方に目を向けることにつながります。

昨今、離婚後の親権や監護権の問題、面会交流や養育費の支払いに関するとりきめなど、子どもの養育や子どもの権利にまつわる課題について、さまざまな議論がなされています。本書でもとりあげた面会交流は、民法の改正（平成二四年四月施行）などを経て、子どもの権利であり、子どもの成長に意味あるものとしてあらためて位置づけられるようになりました。一方、離婚の背景要因にＤＶ等の問題があるハイリスクケースは、子どもに及ぼす長期的な影響もあることから（Kita et al. 2017）、面会交流自体にも慎重かつていねいな見立てが大切です（春原 2020）。高度な専門性を踏まえた介入や支援が、領域間での連携のもとに必要となりますので、公的機関、特に行政と司法の協働による制度設計（水野 2022）といった視点を含めたシステム構築を行うことが、今後より大切になってくるでしょう。

また、ＤＶの問題については、被害側の親と子どもへの支援はもちろん、加害者とされる親への支援も必要です。単に加害者としてのレッテルを貼り続けるのではなく、適切な更生プログラムや、子どもとの適切なかかわりを学ぶための機会など、より積極的な取り組みが求められます。DV加害者臨床に長年携わってきた信田《のぶた》さよ子（2020）も指摘するように、一定のガイドライン等にそった加害者プログラムの活用は、親への支援とともに、その先にある子どもの権利や利益を守るための取り組みにもつながっていくと考えられます。

こうしたハイリスクケースへのアプローチの視点とともに、より広い対象にはたらきかけ、全体としてのリスクを下げるという予防的観点を踏まえたポピュレーションアプローチの考え方も大切です。FAITのような心理教育も、こうした視点に基づいています。また、グループを対象とした心理教育などに加えて、医療、福祉、司法等の領域で親や子どもと出会う専門家が、構造化されたプログラムの内容を取り入れて活用したいなど、支援の現場におけるニーズも多様なようです（福丸他 2022）。

さらに、心理的側面にとどまらず、必要な手続きや法的事項についての基本的情報がとても重要なことは言うまでもありません。本書で紹介した米国や韓国などのように、公的機関が主体となって、動画提供を含めた親講座を一律に実施する国も多くあります。日本でも、心理教育への参加までは至らなくても、知識や情報をより多くの人に届けられるように、多層かつ、多様な支援がますます求められます。

そして、もう一つ大切なことは、こうした情報共有の対象を当事者や専門家に限定しすぎないということです。本書でくり返し述べてきましたが、子どもや家族と出会う学校や保育の現場をはじめ、より多くの大人が基本的な情報を共有していることは、何より子どもたちの成長をさまざまな場面で支えることにつながるのです。

多様な道筋を家族とともに伴走する

このような多層な取り組みとともに、今後さらに大切になってくるのが、当事者やピアサポート（同じような立場の人による支えあい）の視点を活かしたサポートでしょう。近年、子ども時代の経験を活かして子どもの日常を支える取り組みや、当事者の親同士の支えあいや学びあいの活動も活発になってきていいます（たとえば、光本2022など）。こうした取り組みが、少しずつ有機的につながりながら、必要とする家族の手に届きやすくなることも期待されます。

また、離婚や再婚に限らず、当事者の声やピアサポートの力を活かした取り組みがより重要になってくるでしょう。これに関連して福祉領域で困難を抱える子どもと家族を対象としたものに、ラップアラウンドという支援があります。日本に導入した久保樹里《くぼじゅり》（2022）によると、従来の縦割り組織による支援を見直し、家族と関係する人がチームとなって親子を包み込むような（ラップアラウンド）支援システムをつくっていきます。チームには、家族のニーズを引き出すケア・コーディネーターに加え、かつての当事者である親や若者がピアサポーターとして加わり、親子それぞれに寄り添い役を担うという特徴があります。それによって、子どもや親といった家族を中心にして話し合いが展開されるため、親子のニーズをよりていねいに聴きとり、共に考えていくことが可能になるのです。

このように、専門家による支援や、支える・支えられるという固定化した関係ではなく、子ども目線に立てる経験者やピアサポーターの存在とともに、子どもや親が話し合いのプロセスに加わるという、互いに共生しながらのネットワークづくり、またチームとしての取り組みは、これからますます求められていくのではないでしょうか。

夫婦、カップルとしての関係は解消しても、親子の関係、子どもにとっての親同士の関係は、時間とともに変化していきます。親も子どももそれぞれが胸を張って自分の人生を、家族を生きる、その道筋もやはりさまざまです。その過程には、子どもに対する親からのあたたかな見守りと、それを可能にする親子を取り巻く地域や社会のあたたかなまなざしが欠かせません。

ＦＡＩＴも心理教育的な要素を一つの軸としながら、同時に、参加者同士のやりとりから得られる気づきの豊かさ、悩んだからこそ言える言葉の重み、経験したからこそ伝わる思い……、こうしたさまざまなものが加わっていくことで、そして離婚を経験する親子にとどまらず多くの人に共有されることで、より実りのあるプログラムになっていくのだと実感しています。

おわりに

対面での交流がかなわないなか、これまでの取り組みを活字にしてみようと、本書の執筆を思い立ってから二年が過ぎようとしています。自分たちの実践、親の声や子どもの声を振り返りながら、考えれば考えるほどあらためて奥の深い大きなテーマであると実感した時間でもありました。プログラムで想定された内容を超えたリアルな体験や意見からも多くのことが見えてきましたが、それだけになかなか言葉にできない、いったりきたりの日々だったような気がします。そのなかであらためて痛感したことは、特に子どもの状況やそのケアについて、考えるべき課題が山積しているということです。

この間、コロナ禍で余儀なくされた制約や変化の多い状況を称して、VUCA《ヴーカ》の時代という言葉を折々に耳にしてきました。VUCAとは、変動性（Volatility）、不確実性（Uncertainty）、複雑性（Complexity）、曖昧性（Ambiguity）の頭文字をとったもので、将来の予測が困難な時代や社会状況を表す言葉として、主にビジネスの分野で用いられているようです。確かに私たちの生活は激変し、先の見えない不安を抱えながら時にあきらめたり、変化のなかで忍耐強さを発揮したり工夫したりすることで、なんとか乗り切ろうと頑張ってきました。でも、親の離婚を経験してきた子どもたちは、家族という船が大きく揺れるなかで、これまでもずっとVUCAの荒波を生き抜いてきたのではないか……、という現実があらためて見えてきます。

離婚は一時点の出来事ではなく、前後、特にその後も続くプロセスであると本書の冒頭で述べました。そのプロセスを「家族のかたちが変わる移行期」の一つとしてとらえ、かつ、子どもの目線を中心にしながら、その時期の親子関係を支えようというのが米国のＦＩＴプログラムのスタートであり、日本のＦＡＩＴプログラムでも中核となっています。

家族心理学では、子どもの誕生や巣立ちといった家族にとっての節目を、家族メンバーそれぞれが次の局面に向かうための適応が求められる移行期として捉えます。本書でも述べたように、移行期は、個人だけでなく家族の関係性にも変化がおきやすいため、よりサポートが必要な時期と考えられます。特に離婚後の子育てという移行は、経済面をはじめとする多くの生活上の変化に加えて、別れた親と子どものつながりをどう保ちうるか、そしてそのために必然的に生じうる親同士の関係をどうするかという葛藤への対処が加わります。それゆえ、さまざまな情報や心理支援を含むサポートが親子双方に届けられること、さらに、同じような経験をした人とのつながりや交流、そしてそれを可能にする仕組みも欠かせません。

しかし、親と子それぞれの声から見えてきたのは、必要な情報や心理支援などは届きづらく、周囲の理解も十分でないという現実です。子育てにおける孤立の問題が指摘されて久しいですが、離婚となるとさらに、家庭内のこと、当事者間のこととされる風潮が強いことも感じます。ＦＡＩＴの参加者の方からは「こういう機会をもっと早く持ちたかった」「できれば離婚前に知っておきたかった」「結婚する時に知りたかったくらい」「離婚をしている家族以外の人にも知ってほしい」といった声をいただくことがたびたびです。

二〇二一年から法務省法制審議会の家族法制部会において、親権や親子の交流、養育費など、離婚後の親子関係や子育てにまつわる制度、規定についてさまざまな議論がなされ、二〇二三年三月現在もその検討が続いています。「子どもの最善の利益」が最優先という認識は共通ですが、離婚にまつわることがらの複雑さもあって、その道筋を整えることの難しさをうかがい知ることができます。

とはいえ、子どもたちの成長も待ったなしです。よりよい人生をと模索するなかで親が行った選択の、その後の親子・家族へのサポート不足を理由に、未来のある成長途上の子どもたちが、ただVUCAの海に投げ出されることは避けなければなりません。多くの親が気にかける子どもへの影響や離婚後の親子関係に対する心理支援とともに、多様な状況に対応しうる、きめ細やかな制度や法的枠組みの整備、周囲からのあたたかな理解を促すとりくみも社会全体に求められます。

そのためにも、たとえば司法・医療・教育・福祉・心理といった領域を超えた専門家同士の協働も必要ですし、こうした支援や情報が届くための制度や仕組みを（機能的なネットワークの構築なども含めて）公的機関が中心になって整えていくことも喫緊の課題といえるでしょう。個別の状況を踏まえ、積極的な介入が必要な場合の見極めなども、こうしたていねいなケアによって可能になると考えられます。

家庭の背景も多様ななかで、子どもたちがあたたかな関係のなかで育つこと、自分自身に対して肯定的な感情を持てること、周囲の人を頼ったり支えあったり信頼感や希望を持てること……、次世代にどのような社会をバトンタッチができるのかは、離婚に対する私たち大人のまなざしや、そのプロセスでどのような役割を果たせるか、ということが大きくかかわっていると感じています。

＊

本書は、「何より子どもたちのために」とＦＩＴプログラムの開発・実践・普及にご尽力され、制度や文化の違いに即した変更を含めて、翻訳と日本への導入をご快諾くださったブラウン先生との出会いによって誕生しました。あらためて感謝申し上げます。本当にありがとうございました。

日本になじむか逡巡もしつつ、本書の執筆メンバーとのつながりを得て、共に実践や研究を続けることができたのは幸運なことでした。そしてその礎を作ってくださったのは、当時、東京大学大学院教授でいらした故・中釜洋子先生です。超多忙のなか渡米してＦＩＴを見学し、その意味や意義を理解してくださったことで日本への導入が実現しました。あまりに短い時間でしたが大切な時間を共有し、かけがえのないご縁をいただいたことに、あらためて深謝いたします。

また、本書は、細々と続けてきたＦＡＩＴプログラムの実践で出会った参加者の方々の声がベースになっています。ご参加くださった皆さんの貴重な声、お話の一つひとつから、たくさんの示唆をいただきましたし、いただいたフィードバックが実践を継続する原動力になりました。本当にありがとうございました。これからも、お互いセルフケアを大切に過ごせるといいですね。

職場の同僚やこの領域でご一緒することの多い研究者や実務家の方々には、仕事のなかで、また折々の情報交換の中で多くの学びをいただいています。また、大学の授業やゼミ活動などで出会った学生の皆さんからもたくさんの切実な声を聴き、教えられました。未だ会えない別居親を思いつつ会いたいという一言を口にすることがいかに難しいことなのか、できれば経験したくなかったけれど、自分の進路や大切なパートナー選びといった人生の選択を重ねるなかで、親への理解や労いの気持ちが深くなっていくこと……、そして「将来のある子どもたちに自分ができることを」と卒業後、社会で頑張っている皆さんの真摯な姿に頼もしさも感じています。

そして、家族とはなにかという深いテーマについて、常に身をもって体験させてくれて、支えにもなってくれている家族にも感謝を伝えたいと思います。

最後になりましたが、新曜社編集部の大谷裕子さんには、的確なアドバイスとあたたかい励ましで執筆を根気強く支えていただきました。記して御礼申しあげます。

執筆者を代表して　編者　福丸由佳

索　引

さ行

た 行

な 行

は 行

ま 行

や 行

ら 行

わ 行

文　献

阿部彩（2011）子どもの社会生活と社会経済階層（SES）の分析――貧困と社会的排除の観点から．こども環境学研究，*7*(1), 72–78.

会沢勲（2002）別れるかもしれないふたりのために――夫婦の対話と子どものこころ．ブレーン出版.

赤石千衣子（2014）ひとり親家庭．岩波新書.

明石市（2021）明石市こども養育支援ネットワークの奇跡――こどもの立場で歩んだ10年間の軌跡．https://www.city.akashi.lg.jp/seisaku/soudan_shitsu/kodomo-kyoiku/youikushien/youikushien.html

Alexy, A. (2020) *Intimate disconnections: Divorce and the romance of independence in contemporary Japan*. The University of Chicago Press.（アレクシー，A.（2022）離婚の文化人類学――現代日本における「親密な」別れ方（濱野健，訳）．みすず書房.）

Amato, P. R. (2010) Research on divorce: Continuing trends and new development. *Journal of Marriage and Family, 72*, 650–666.

青木聡（2011）面会交流の有無と自己肯定感／親和不全の関連について．大正大学カウンセリング研究所紀要，*34*, 5–17.

Arizona Supreme Court (2009) Planning for parenting time: Arizona's guide for parents living apart. https://www.azcourts.gov/portals/31/parentingTime/PPWguidelines.pdf

朝日新聞（2022. 5. 27付）声「別居親に冷たい、世間の視線」．朝日新聞社.

Baker, A. J. L. (2007) *Adult children of parental alienation syndrome: Breaking the ties that bind*. W. W. Norton & Company.

Bethell, C., Jones J., Gombojav, N., Linkenbach, J., & Sege, R. (2019) Positive childhood experiences and adult mental and health in a statewide sample: Associations across adverse childhood experiences levels. *JAMA Pediatrics, 173*(11), e193007.

Blaunstein M. E., & Kinniburgh K. M. (2010) *Treating traumatic stress in children and adolescents: How to foster resilience through attachment, self-regulation, and competency*. Guilford Press.（ブラウンシュタイン，M. E.・キニバーグ，K. M.（2018）実践 子どもと思春期のトラウマ治療――レジリエンスを育てるアタッチメント・調整・能力（ARC）の枠組み（伊東ゆたか，監訳）．岩崎学術出版社.）

Boss, P. (2006) *Loss, trauma, and resilience: Therapeutic work with ambiguous loss*. W. W. Norton & Company.（ボス, P.（2015）あいまいな喪失とトラウマからの回復――家族とコミュニティのレジリエンス（中島聡美・石井千賀子, 監訳）. 誠信書房.）

Bowen, M. (1978) *Family therapy in clinical practice*. Jason Aronson.

Brown, J. H., Portes, P., Cambron, M. L., Zimmerman, D., Rickert, V., & Bissmeyer, C. (1994) Families in transition: A court-mandated divorce adjustment program for parent and children. *Juvenile and Family Court Journal, 45*(1), 27–32.

Coleman, M., Ganong, L., & Fine, M. (2000) Reinvestigating remarriage: Another decade of progress. *Journal of Marriage and the Family, 62*, 1288–1307.

Constance, R. A. (2004) *We're still family: What grown children have to say about their parents' divorce*. HarperCollins.（コンスタンス, R. A.（2006）離婚は家族を壊すか――20年後の子どもたちの証言（天冨俊雄他, 訳）. バベル・プレス.）

Daines, C. L., Hansen, D., Novilla, L. B., & Crandall, A. (2021) Effects of positive and negative childhood experience on adult family health. *BMC Public Health, 21*, 651.

江原由美子・山田昌弘（2008）ジェンダーの社会学入門. 岩波書店.

Felitti, V. J., Anda, R. F., Nordenberg, D., Williamson, D. F., Spitz, A. M., Edwards, V., Koss, M. P., & Marks, J. S. (1998) Relationship of childhood abuse and household dysfunction to many of the leading causes of death in adults. The Adverse Childhood Experiences (ACE) study. *American Journal of Preventive Medicine, 14*, 245–258.

藤田博康（2012）親の離婚や不和を抱える子どもへの心理援助――質的研究を踏まえたスクールカウンセラーのかかわりを通じて. 家族心理学会第29回大会発表論文集, 96–97.

藤田博康（2014）離婚を選ぶ夫婦たち――いかに危機を乗り越えられるか. 柏木惠子・平木典子（編著）, 日本の夫婦――パートナーとやっていく幸せと葛藤（pp.123–143）. 金子書房.

藤田博康（2016）親の離婚を経験した子どもたちのレジリエンス――離婚の悪影響の深刻化と回復プロセスに関する「語り」の質的研究. 家族心理学研究, *30*, 1–16.

藤田博康（2017）親の離婚と子どもたちのレジリエンス（第2回）――離婚のダメージとそこからの回復. 児童心理, *71*, 759–765.

藤田博康（2020）幸せに生きるためのカウンセリングの知恵――親子の苦しみ，家族の癒し．金子書房．

福丸由佳（2013a）心理教育的介入プログラムCAREによるアプローチ．児童青年精神医学とその近接領域：日本児童青年精神医学会誌, *54*, 383–388.

福丸由佳（2013b）離婚を経験する移行期の家族への心理教育．家族心理学年報, *31*, 55–65.

福丸由佳（2020）家族関係における夫婦の葛藤, 親子の葛藤――子どもにとっての親の離婚・再婚, 親からのマルトリートメント．子ども学, No.8, 87–106.

福丸由佳・小田切紀子・大瀧玲子・大西真美・曽山いづみ・村田千晶・本田麻希子・山田哲子・渡辺美穂・青木聡・藤田博康（2014）離婚を経験する家族への心理教育プログラムFAITの実践――親に向けた試行実践から得られた示唆と今後の課題．明治安田こころの健康財団研究助成論文集, *49*, 38–44.

福丸由佳・伊東ゆたか・木村一絵・加茂登志子（2018）里親向け研修におけるCAREプログラムの効果の検討――里子と里親の関係づくりに向けたペアレントプログラムの実践．白梅学園大学紀要, *54*, 55–68.

福丸由佳・大西真美・大瀧玲子・曽山いづみ・杉本美穂・本田麻希子・小田切紀子・藤田博康・山田哲子（2022）離婚を経験する家族への心理教育プログラムFAITの適用可能性――支援者向けワークショップにおける調査から．家族療法研究, *39*(3), 292–297.

外務省（n.d.）児童の権利に関する条約．https://www.mofa.go.jp/mofaj/gaiko/jido/zenbun.html

Ganong, L., & Coleman, M. (Eds.) (2004) *Stepfamily relationships: Development, dynamics, and interventions*. Kluwer Academic/Plenum Publishers.

Gardner, R. A. (1998) *The Parental Alienation Syndrome: A guide for mental health and legal professionals* (2nd ed.). Creative Therapeutics.

Goffman, E. (1963) *Stigma: Notes on the management of spoiled identity*. Prentice-Hall.（ゴッフマン, E.（2001）スティグマの社会学――烙印を押されたアイデンティティ（改訂版）（石黒毅, 訳）．せりか書房．）

Gurwitch, H. R., Messer, E. P., Masse, J., Olafson, E., Boat, B. W., & Putnam, F. W. (2016) Child-Adult Relationship Enhancement (CARE): An evidence-informed program for children with a history of trauma and other behavioral challenges. *Child Abuse & Neglect*, *53*, 138–145.

Hays-Grudo, J., & Morris, A. (2020) Protective and Compensatory Experiences (PACEs): The antidote to ACEs. In Adverse and protective childhood

experiences: A developmental perspective (pp.23–40). American Psychological Association.（ヘイズ=グルード, J.・モリス, A.／菅原ますみ・榊原洋一・舟橋敬一・相澤仁・加藤曜子（監訳）(2022) 小児期の逆境的体験と保護的体験 —— 子どもの脳・行動・発達に及ぼす影響とレジリエンス. 明石書店.）

平木典子・中釜洋子・藤田博康・野末武義（2019）家族の心理 —— 家族への理解を深めるために（第2版）. サイエンス社.

法務省（2021a）「協議離婚制度に関する調査研究業務」報告書. https://www.moj.go.jp/content/001346483.pdf

法務省（2021b）未成年期に父母の離婚を経験した子の養育に関する実態についての調査・分析業務報告書. https://www.moj.go.jp/content/001346918.pdf

法務省（2022）法制審議会 家族法制部会. https://www.moj.go.jp/shingi1/housei02_003007

法務省（n.d.）新型コロナウイルス感染症関係情報 —— 面会交流について. https://www.moj.go.jp/MINJI/minji07_00033.html

堀正嗣（2020a）子どもの心の声を聴く —— 子どもアドボカシー入門. 岩波書店（岩波ブックレット）.

堀正嗣（2020b）子どもアドボケイト養成講座 —— 子どもの声を聴き権利を守るために. 明石書店.

堀正嗣・子ども情報研究センター（2013）子どもアドボカシー実践講座 —— 福祉・教育・司法の場で子どもの声を支援するために. 解放出版社.

堀田香織（2009）親の離婚を体験した青年の語り. 心理臨床学研究, 27, 40–52.

稲葉昭英（2011）親との死別／離婚・再婚と子どもの教育達成. 稲葉昭英・保田時男（編）(2011) 階層・ネットワーク（NFRJ08第2次報告書第4巻）(pp.131–157). 日本家族社会学会全国家族調査委員会.

石井加代子・浦川邦夫（2014）生活時間を考慮した貧困分析. 三田商学研究, *57*(4), 97–121.

石隈利紀（2002）学校における心理教育的援助サービスの現状と展望 —— 学校臨床心理学と学校心理学の合流を目指して. 沢崎俊之・中釜洋子・齋藤憲司・高田治（編), 学校臨床そして生きる場への援助. 日本評論社.

江楠（2020）未婚母子世帯の生活と社会関係 —— 北海道ひとり親家庭生活実態調査より. 教育福祉研究, *24*, 21–37.

直原康光・安藤智子（2019）別居・離婚後の子どもが体験する父母葛藤や父母協力の探索的検討. 発達心理学研究, *30*, 86–100.

直原康光・安藤智子（2020）別居・離婚後の父母葛藤・父母協力と子どもの心

理的苦痛, 適応等との関連 ―― 児童期から思春期に親の別居・離婚を経験した者を対象とした回顧研究. 発達心理学研究, *31*, 12–25.

加茂登志子（2020）PCIT から学ぶ子育て ―― 1日5分で親子関係が変わる！ 育児が楽になる！. 小学館.

家庭問題情報センター（2005）離婚した親と子どもの声を聴く ―― 「養育環境の変化と子どもの成長に関する調査研究の報告書」より. 家庭問題情報誌ふぁみりお, *35*. http://www1.odn.ne.jp/fpic/familio/familio035.html

家庭問題情報センター（2020）新型コロナウイルス禍の面会交流. 家庭問題情報誌ふぁみりお, *81*, 6–7. http://fpic-fpic.jp/doc/familio/familio081.pdf

Kato, T., Takehara K., Suto, M., Sampei, M., & Urayama, K. Y. (2021) Psychological distress and living conditions among Japanese single-mothers with preschool-age children: An analysis of 2016 comprehensive survey of living conditions. *Journal of Affective Disorders, 286*, 142–148.

Kelly, J. B., & Johnston, J. R. (2001) The alienated child: A reformulation of parental alienation syndrome. *Family Court Review, 39*, 249–266.

Kita, S., Haruna, M., Yamaji, M., Matsuzaki, M., & Kamibeppu, K. (2017) Associations of mental and behavioral problems among children exposed to intimate partner violence previously and visit with their fathers who perpetrated the violence. *Open Journal of Nursing, 7*, 361–377.

韓国最高裁判所（2019）離婚の前に少し考えよう. https://parents.scourt.go.kr/websquare/websquare.html?w2xPath=%2Fxml%2Fmain.xml&fbclid=IwAR0553E2QFvhio7d-dmZ2yTXDdXeudS_Oyy-jchNPB2elJ4dN1_6mnbn4YI&fs=e&s=cl

国立社会保障・人口問題研究所（2019）第6回全国家庭動向調査結果の概要. https://www.ipss.go.jp/ps-katei/j/NSFJ6/NSFJ6_top.asp

厚生労働省（2020）令和2年人口動態統計 結果の概要. https://www.mhlw.go.jp/toukei/saikin/hw/jinkou/kakutei20/dl/02_kek.pdf

厚生労働省（2021a）令和3年版厚生労働白書 ―― 新型コロナウイルス感染症と社会保障. https://www.mhlw.go.jp/content/000810636.pdf

厚生労働省（2021b）令和3年度全国ひとり親世帯等調査結果報告. https://www.mhlw.go.jp/stf/seisakunitsuite/bunya/0000188147_00013.html

厚生労働省（2022）令和4年度離婚に関する統計の概況. https://www.mhlw.go.jp/toukei/saikin/hw/jinkou/tokusyu/rikon22/index.html

久保樹里（2022）自治体で実装可能な子育て支援のアプローチについて. 2021年度親子が健やかに家庭で生活できる支援プログラムの調査研究報告書（花園大学）, 49–69.

黒田公美（編著）（2022）子ども虐待を防ぐ養育者支援 —— 脳科学，臨床から社会制度まで．岩崎学術出版．

McGoldrick, M., Preto, N. G., & Carter, B. (2016) *The expanding family life cycle: Individual, family, and social perspectives* (5th ed.). Pearson.

Messer, E. P., Greinera, M. V., Beal, S. J., Eismann, E. A., Cassedy, A., Gurwitch, R. H., Boat, B. W., Bensman, H., Bemerer, J., Hennigan, M., Greenwell, S., & Eiler-Sims, P. (2018) Child adult relationship enhancement (CARE): A brief, skills-building training for foster caregivers to increase positive parenting practices. *Children and Youth Service Review, 90*, 74–82.

Minuchin, S. (1974) *Families & family therapy*. Harvard University Press.

Minuchin, S., & Nichols, M. P. (1993) *Family healing: Tales of hope and renewal from family therapy*. Free Press.

光本歩（2022）子どもの視点と面会交流支援．二宮周平・風間孝（編著），家族の変容と法制度の再構築 —— ジェンダー／セクシャリティ／子どもの視点から（pp.113–115）．法律文化社．

水野紀子（2022）子ども虐待と親権 —— 日本の法制度と虐待対応の現状と課題．黒田公美（編著），子ども虐待を防ぐ養育者支援 —— 脳科学，臨床から社会制度まで（pp.224–245）．岩崎学術出版．

宮地尚子・清水加奈子（2021）あらためてDVとは何か．こころの科学，*219*，10–16．

内閣府男女共同参画局（2021a）配偶者暴力相談支援センターの相談件数 —— 配偶者からの暴力に関するデータ．https://www.gender.go.jp/policy/no_violence/e-vaw/data/01.html

内閣府男女共同参画局（2021b）令和3年版男女共同参画白書．https://www.gender.go.jp/about_danjo/whitepaper/r03/zentai/index.html

中釜洋子（2008）家族のための心理援助．金剛出版．

中釜洋子（2010）個人療法と家族療法をつなぐ —— 関係系志向の実践的統合．東京大学出版会．

中村伸一（2013）世間体と恥．日本家族研究・家族療法学会（編），家族療法テキストブック（p.189）．金剛出版．

中村多美子（2010）両親の離婚紛争の中で子どもたちは何を考えているか —— 代理人としての経験から．自由と正義，*61*(4)，49–54．

信田さよ子（2020）日本のDV加害者プログラムの歴史．リスペクトフル・リレーションシップ・プログラム研究会（編著），DV加害者プログラム・マニュアル（pp.10–13）．金剛出版．

野口康彦（2006）親の離婚が子どもの精神発達に及ぼす心理的影響の一考察

── スクールカウンセラーの立場から．中央学術研究所紀要, *35*, 80–89.
野口康彦（2012）親の離婚を経験した大学生の抑うつに関する一検討．茨城大学人文学部紀要 人文コミュニケーション学科論集, No.12, 171–178.
野口康彦（2013）親の離婚を経験した子どもの心の発達 ── 思春期年代を中心に．法と心理, *13*, 8–13.
野口康彦（2019）学会誌発刊にあたって．日本離婚・再婚家族と子ども研究, *1*, 1.
野口康彦・櫻井しのぶ（2009）親の離婚を経験した子どもの精神発達に関する質的研究 ── 親密性への怖れを中心に．三重看護雑誌, *11*, 9–17.
野坂祐子（2019）児童福祉におけるトラウマインフォームドケア．精神医学, *61*, 1127–1133.
野沢慎司（2022）ステップファミリー ── 複数世帯を横断するネットワーク家族の可能性と法制度の再構築．二宮周平・風間孝（編著）, 家族の変容と法制度の再構築 ── ジェンダー／セクシャリティ／子どもの視点から（pp.95–110）．法律文化社．
野沢慎司・菊地真理（2021）ステップファミリー ── 子どもから見た離婚・再婚．角川新書．
野末武義（2019）多世代モデル（文脈療法）．日本家族心理学会（編）, 家族心理学ハンドブック（pp.241–248）．金子書房．
OECD (2021) OECD Family Database CO2.2: Child poverty. https://www.oecd.org/els/CO_2_2_Child_Poverty.pdf
小田切紀子（2003）離婚に対する否定的意識の形成過程 ── 大学生を対象として．発達心理学研究, *14*, 245–256.
小田切紀子（2009）子どもから見た面会交流 ── 離婚家庭の子どもたちの声．自由と正義, *60*(12), 28–34.
小田切紀子（研究代表）（2017）離婚後の共同養育の支援体制の構築 ── 家族間の国際比較と親の心理教育プログラム, 平成26 – 28年度科学研究費補助金基盤研究（b）研究成果報告書．
小田切紀子（2021）親の離婚を経験した子どもと面会交流支援団体に関する調査報告 ── 社会に求められる支援と制度．家庭と法の裁判, *35*, 38–44.
小田切紀子・町田隆司（編著）（2020）離婚と面会交流 ── 子どもに寄りそう制度と支援．金剛出版．
小川洋子（2018）子どもが面会交流を通じて別居親と新たな関係性を築くまでのプロセスに関する質的研究．家族心理学研究, *32*, 14 – 28.
小川洋子（2020）同居親から面会交流を中断させられた子どもの語り．日本女子大学生涯学習センター心理相談室紀要, *18*, 53–63.

小川洋子（2021）思春期以降に面会交流を経験した子どもが別居親と離れていくプロセスに関する質的研究．家族心理学研究, *34*, 111–126.

大森弘子・清水脩・伊藤萌（2016）社会的養護を必要とする母子世帯へ子育て支援が与える影響 —— シングルマザーの現状と育児不安について．佛教大学社会福祉学部論集, *12*, 17–25.

大西真美・曽山いづみ・杉本美穂・大瀧玲子・山田哲子・福丸由佳（2022）離婚を経験する家族への心理教育FAIT（Families in Transition）プログラムによる支援 —— 同居親と別居親の体験の違いに注目して．家族心理学研究, *35*, 137–154.

大瀧玲子・曽山いづみ・中釜洋子（2012）離婚をめぐる親子への支援プログラム導入の研究（1）—— 専門家へのインタビュー調査から, 臨床現場で生じている問題．東京大学大学院教育学研究科臨床心理学コース紀要, *35*, 123–129.

Powell, S. E., Cronin, S., McCann, E., Mcguire, J., Becher, E., & Hall, E. (2020) Parent well-being in divorce education. *Journal of Family Strengths, 20*(1), 2.

労働政策研究・研修機構（2017）「第4回（2016）子育て世帯全国調査」結果速報. https://www.jil.go.jp/press/documents/20170914.pdf

最高裁判所事務総局（2022）司法統計年報（令和3年家事編）. https://www.courts.go.jp/app/files/toukei/597/012597.pdf

斎藤環（2021）コロナ禍における「ひきこもり生活」がもたらす心理的影響．日本労働研究雑誌, *63*(4), 84–89.

志田未来（2015）子どもが語るひとり親家庭 ——「承認」をめぐる語りに着目して．教育社会学研究, *96*, 303–323.

志田未来（2021）社会の周縁を生きる子どもたち —— 家族規範が生み出す生きづらさに関する研究．明石書店.

島薗進・鎌田東二・佐久間庸和（2019）グリーフケアの時代 ——「喪失の悲しみ」に寄り添う．弘文堂.

総務省（2020）令和2年国勢調査. https://www.stat.go.jp/data/kokusei/2020/index.html

曽山いづみ（2022）離婚家族への縦断研究の必要性と可能性．日本発達心理学会第33回大会会員企画ラウンドテーブル.

曽山いづみ・大西真美・杉本美穂・大瀧玲子・山田哲子・福丸由佳（2021）離婚を経験した家族に対する心理教育, FAIT プログラムのオンライン試行実践．質的心理学研究, No.20（Special）, S35–S42.

春原由紀（編著）（2011）子ども虐待としてのDV —— 母親と子どもへの心理臨床的援助のために．星和書店.

春原由紀（2020）DV 家庭における子どもの問題の現状・子どもへの影響と面会交流．リスペクトフル・リレーションシップ・プログラム研究会（編著），DV 加害者プログラム・マニュアル（pp.34–39）．金剛出版．
田宮遊子・四方理人（2007）母子世帯の仕事と育児 ── 生活時間の国際比較から．社会保障研究, *43*, 219–231.
田中玲子（1997）ひとり親家庭の子どもたち．平湯真人（編），家庭の崩壊と子どもたち（pp.111–142）．明石書店．
棚村政行（2021）子の養育の在り方に関する実証的調査アンケートの概要．日本加除出版（編），未成年期に父母の離婚を経験した子どもの養育に関する全国実態調査とその分析（pp.1–8）．日本加除出版．
棚瀬一代（2004）離婚の子どもに与える影響 ── 事例分析を通して．現代社会研究, 6, 19–37.
棚瀬一代（2010）離婚で壊れる子どもたち ── 心理臨床家からの警告．光文社新書．
Wallerstein, J. S., & Blakeslee, S. (1989) *Second chances: Men, women & children, a decade after divorce*. Ticknor & Fields.（ウォラースタイン, J. S.・ブレイクスリー, S.（1997）セカンドチャンス離婚後の人生（高橋早苗, 訳）．草思社．）
Wallerstein, J. S., & Kelly, J. B. (1980) *Surviving the breakup: How children and parents cope with divorce*. Basic Books
Wallerstein, J. S., Lewis, J. M., & Blakeslee, S. (2000) *The unexpected legacy of divorce: A 25 year landmark study*. Hyperion.（ウォラースタイン, J. S.・ルイス, J. M.・ブレイクスリー, S.（2001）それでも僕らは生きていく ── 離婚・親の愛を失った25年間の軌跡（早野依子, 訳）．PHP 研究所．）
Warshak, R. A. (2010) *Divorce poison: How to protect your family from bad-mouthing and brainwashing* (Rev. ed.). Harper.（ウォーシャック, R. A.（2012）離婚毒 ── 片親疎外という児童虐待（青木聡, 訳）．誠信書房．）
Watzlawick, P., & Haley, J. (1977) *The interactional view: Studies at the Mental Research Institute, Palo Alto, 1965–1974*. W. W. Norton & Company.
山田哲子・本田麻希子・平良千晃・福丸由佳（2012）離婚をめぐる親子への支援プログラム導入の研究（2）── フォーカスグループから探る日米の文化的・制度的違いについて．東京大学大学院教育学研究科臨床心理学コース紀要, *35*, 130–139.
山田哲子・大瀧玲子・曽山いづみ・大西真美・杉本美穂・福丸由佳（2020）親の離婚を経験した大学生に対するFAIT プログラムの試行実践 ── プログラム参加後インタビューの質的分析．日本離婚・再婚家庭と子ども研究学

会第3回大会.
山下浩（2021）児童虐待としてのDV. こころの科学, *219*, 23–29.
余田翔平（2013）家族構造と中学生の教育アスピレーション（2）── 格差の形成メカニズム. 日本社会学会第86回大会. https://jss-sociology.org/research/86/177.pdf
横山和宏（2021）離婚・別居家庭におけるオンライン面会交流の活用に関するレビュー ── その長所と短所, 高葛藤の家庭における活用上の留意点. 離婚・再婚家族と子ども研究, *3*, 2–14.
横山和宏・福丸由佳・大瀧玲子・渡部信吾（2022）離婚・別居家庭とその子どもの実像と必要な支援 ── 3つの大規模調査から見えること. 離婚・再婚家族と子ども研究, *4*, 117–135.
湯澤直美（2020）ひとり親家族支援政策の国際比較 ── 日本のひとり親家族支援政策. 大原社会問題研究所, *746*, 79–101.
湯澤直美・藤原千沙（2011）生活保護受給期間における母子世帯の就業と収入構造. 女性労働研究, *55*, 52–77.
van Eeden-Moorefield, B., & Pasley, K. (2013) Remarriage and stepfamily life. In G. W. Peterson & K. R. Bush (Eds.), *Handbook of Marriage and Family* (3rd ed.) (pp.517–546). Springer.

杉本美穂（すぎもと みほ）［3 章 1 節、5 章 2 節］
栃木県県南児童相談所 児童心理司。専門は臨床心理学。

曽山いづみ（そやま いづみ）［4 章 2 節、6 章 3 節］
神戸女子大学心理学部心理学科 助教。専門は臨床心理学、家族心理学。

藤田博康（ふじた ひろやす）［コラム 4］
駒沢大学文学部心理学科 教授。専門は臨床心理学、家族療法。

本田麻希子（ほんだ まきこ）［コラム 2］
埼玉県朝霞市議会議員。専門は学校教育、発達支援。

山田哲子（やまだ てつこ）［3 章 2 節、4 章 3 節、7 章 1 節］
立教大学現代心理学部心理学科 准教授。専門は臨床心理学、家族心理学。

編者・執筆者一覧

※〔 〕内は執筆担当

編者

福丸由佳（ふくまる ゆか）
[1 章 1 ～ 3 節、2 章 1 ～ 3 節、5 章 1 節、6 章 1 節、7 章 3 節]
白梅学園大学子ども学部発達臨床学科 教授。博士（人文科学）。慶應義塾大学法学部卒業後、社会人を経てお茶の水女子大学大学院博士後期課程修了。聖徳大学人文学部専任講師、米国シンシナティ子ども病院研究員などを経て 2009 年より現職。専門は臨床心理学、家族心理学。著書は『子ども家庭支援の心理学』（共編著、北大路書房、2021 年）、『多様な人生のかたちに迫る発達心理学』（分担執筆、ナカニシヤ出版、2020 年）、『生活のなかの発達——現場主義の発達心理学』（分担執筆、新曜社、2019 年）など。

執筆者（五十音順）

青木　聡（あおき あきら）**[コラム 3]**
大正大学心理社会学部臨床心理学科 教授。専門は臨床心理学。

大瀧玲子（おおたき れいこ）**[3 章 3 節、6 章 2 節、7 章 2 節]**
東京都立大学人文社会学部心理学教室 助教。専門は臨床心理学・家族心理学。

大西真美（おおにし まみ）**[4 章 1 節、5 章 3 節]**
杏林大学保健学部臨床心理学科 講師。専門は臨床心理学・家族心理学。

小田切紀子（おだぎり のりこ）**[コラム 1]**
東京国際大学人間社会学部福祉心理学科 教授。専門は臨床心理学、家族心理学。

FAIT プログラムホームページ

http://fait-japan.com/

新曜社

離婚を経験する親子を支える
心理教育プログラム FAIT—ファイト—

初版第1刷発行　2023年3月31日

編　者　福丸由佳

発行者　塩浦　暲

発行所　株式会社　新曜社
101－0051　東京都千代田区神田神保町3－9
電話 (03)3264－4973 (代)・FAX (03)3239－2958
e-mail : info@shin-yo-sha.co.jp
URL : https://www.shin-yo-sha.co.jp

組版所　Katzen House

印　刷　新日本印刷

製　本　積信堂

ISBN978-4-7885-1804-9 C1011